우리詩 산문선②

좋은 시 깊이 읽기
— 한국의 명시 해설

林 步

우리詩 산문선 ②

좋은 시 깊이 읽기
― 한국의 명시 해설

林 步

도서
출판

머리말

  이 책에 수록된 시들은 내가 수십 년 동안 시를 강의하면서 학생들에게 골라 읽혔던 명시들이다. 또한 이 작품들에 대한 '깊이 읽기'의 작업은 시지詩誌 『우이시牛耳詩』 등을 통해 이미 해 왔던 것인데, 시를 좋아하는 독자들의 요구에 좇아 이제 한 자리에 모으게 된 것이다.

  제1부에 수록된 작품들은 현대시 가운데서 내가 특별히 애착을 가진 수작들이다. 훌륭한 작품임에도 아직 세상에 덜 알려진 가작들이다. 분석을 통해서 이 작품들이 지닌 미적 구조와 감동성을 파악한 것이다.

  제2부에서 다룬 작품들은 시인들의 대표작으로 세간에서 널리 회자된 시들이다. 소위 명시라고 평가된 작품들인데, 비판적인 안목으로 분석 감상했다. 옥에도 흠이 있듯이 비록 유명한 작품이지만 티가 없지 않음을 밝혀 본 것인데, 혹 원작자에게 결례를 범한 바가 있다면 양해를 구하고 싶다.

  제3부에서는 고전 가운데서 괄목할 만한 몇 작품들을 선별하여 깊이 있게 읽어 보았다. 현대시를 잘 감상하기 위해서는 시의 맥을 이루고 있는 옛 시에 대한 이해도 게을리 해서는 안 되기 때문이다.

  이 책을 통해 '좋은 시'가 주는 기쁨을 크게 맛보며, '좋은 시'를 분별하는 안목이 열려, 시에 대한 인식을 새롭게 할 수 있게 되기를 기대해 마지않는다.

2014년 7월
운수재에서   임 보

차 례

머리글

제1부 현대시 깊이 읽기

서정주의「영산홍」　　11
피천득의「비 개고」　　15
박재삼의「봄바다에서」　　19
김종삼의「시인학교」　　23
한용운의「가지 마셔요」　　28
백석의「성외」와「정주성」　　34
박목월의「산도화·1」　　39
이육사의「아편」　　43
정지용의「장수산·1, 2」　　47
김현승의「절대고독」　　51
이상의「오감도 시제1호」　　55
조지훈의「산방」　　59
김소월의「만리성」　　63
유치환의「절명지」　　67
이용악의「다리 우에서」　　71

75 김수영의 「죄와 벌」
79 이성선의 「물을 건너다가」
84 김기림의 「바다와 나비」
88 유공희의 「ILLUSION」

제2부 좋은 시 밝혀 읽기

95 박목월 「불국사」
99 김소월 「진달래꽃」
103 정지용 「향수」
108 서정주 「국화 옆에서」
112 김수영 「풀」
116 김춘수 「꽃」
120 이육사 「절정」
124 박재삼 「울음이 타는 가을강」
128 윤동주 「서시」

제3부 옛시 골라 읽기

고대시가 「구지가」 135
충담사의 「찬기파랑가」 139
최치원의 「추야우중」 143
정지상의 「취후」 147
이규보의 「산석영정중월」 151
진각혜심의 선시 한 구절 155
포은의 「정부원」 158
원천석의 「의고」 162
김시습의 「대언」과 「쾌의행」 165
퇴계의 「청평산을 지나며」 170
황진이의 시조와 「반달」 174
손곡의 「제총요」 178
임제의 풍류시와 「무제」 182
허난설헌의 「채련곡」 186
허균의 「우는 연못」 191
연암의 「도중사청」 196
다산의 「애절양」 200
만해의 「사향고」와 「오도송」 204

제1부

현대시 깊이 읽기

서정주의 영산홍映山紅

영산홍 꽃잎에는
산이 어리고

산자락에 낮잠 든
슬픈 소실댁小室宅

소실댁 툇마루에
놓인 놋요강

산 너머 바다는
보름사리 때

소금 발이 쓰려서
우는 갈매기
　　—「영산홍映山紅」 전문

시 「영산홍」은 《문학文學》(1966.11.)에 발표된 뒤, 시집 『동천冬天』

(1968.11.)에 수록되어 전한다. 미당이 1915년생이니 지천명의 원숙한 나이에 접어들어 쓴 작품이다. 전 5연으로 이루어진 2행시인데 7·5조의 율격에 담긴 아름다운 소품이다. 얼른 보기엔 별로 대단한 작품 같지 않지만, 자세히 읽어보면 서정의 구조가 그렇게 단순치 않음을 알게 된다. 쉽게 이해되는 작품이 아니다.

  제1연 시작부터 잘 풀리지 않는다. '영산홍 꽃잎에는/ 산이 어리고'의 정경은 무엇이란 말인가. 그 작은 영산홍 꽃잎에 어떻게 산이 어린다는 것인가. 산 그림자가 영산홍 꽃잎에 드리운다는 표현인가. 그러나 이러한 상상은 별로 흡족하지가 못하다. 그러면 어떤 정황을 그렇게 그리고 있단 말인가.

  영산홍의 한자 표기 '映山紅'의 '映'은 '비추다, 비치다, 덮어 가리다' 등의 뜻을 담고 있다. 그러니 '映山紅'이라는 말은 '산이 어른거리며 비치는 빨간[紅] 꽃'의 이미지를 불러일으킬지 모른다. 아마 그랬으리라. 그러나 이 구절이 이런 단순한 이미지만을 서술하는 데 그쳤다면 별로 대단할 것도 없다. 이 구절은 제2연으로 이어지면서 복합적인 의미망을 새로이 형성하게 된다. 우선 제2연을 살펴본 다음 그 복합적인 의미망을 따져보도록 하자.

  제2연은 산자락에 낮잠 든 슬픈 소실댁을 제시하고 있다. '슬픈'으로 미루어 보아 그 소실댁은 아마도 님의 사랑을 이젠 제대로 받지 못한 불행한 여인으로 짐작된다. 간밤에 이제나저제나 혹 님이 찾아올까 잠 못 이루며 전전반측 기다리다 지샜을지도 모른다. 그러기에 지금도 님 생각에 젖어 있다가 낮잠 든 것이 아니겠는가. 그러니 '산자락'의 그 '산'은 님의 상징물로 볼 수 있으리라. 그렇다면 제1연에서의 산도 새로운 의미로 다가선다. 이 역시 님의 상징어로 본다면 영산홍은 여인 곧 소실댁이 된다. 영산홍처럼 아름답고 젊은 소실댁을 떠올릴 수 있다. 그러므로 제1연은 겉으로는 영산홍을 그린 것 같지만, 사실은 님 생각에 젖어 있는 아름다운 한 여인을 거기에 포개어 담고 있는 것이다. 여기에 시의 은근한 감춤의 멋이 있다.

제3연에서는 대상을 바꾸어 툇마루에 놓인 요강을 등장시킨다. 원래 요강이 놓일 장소는 은밀한 방안이다. 그런데 지금 이 요강은 그것이 있어야 할 자리에 있지 못하고 마루에 나와 있다. 그것도 원마루에 잇대어 달아낸 툇마루다. 툇마루는 잉여적 공간이다. 마치 본부인이 있는데도 불구하고 덧붙여 둘째 아내로 살고 있는 소실댁과 흡사한 처지다. 잉여적 공간에 방치된 요강은 다름 아닌 님의 사랑으로부터 소외된 소실댁을 상징한다. 여기서의 요강은 T. S. 엘리엇이 말한 객관적 상관물의 적절한 예가 될 수 있으리라.

제4연부터서는 이제까지 전개해 오던 소실댁 주변의 정경과는 달리 시선을 180도 돌려 엉뚱하게 바다를 끌어들이고 있다. 보름사리는 보름 무렵의 조수 곧 가장 충만한 만조滿潮를 이루는 시기다. 제5연은 소금 발이 쓰려 우는 갈매기를 클로즈업시키고 있다. 여기에 이르러 우리는 다시 당황하게 된다. 도대체 갈매기 얘기는 무엇이란 말인가. 지금까지 우리가 이해해 온 의미구조로 본다면 갈매기도 분명 무엇을 상징하고 있을 것 같다.

우선 갈매기가 소금 발이 쓰려서 우는 이유를 생각해 보도록 하자. '소금 발이 쓰리다'는 것은 발이 소금기에 절여서 아프다는 뜻이리라. 왜 소금기에 절였을까. 바닷물에 자주 드나들었기 때문이리라. 밀물을 타고 몰려오는 고기떼들을 잡아먹기 위해 정신없이 바다에 발을 담그다 보니 절었으리라. 그러니 여기서의 갈매기의 울음은 괴로워서라기보다는 즐거운 비명이라고 할 수 있다. 생각이 여기에 미치면 갈매기의 정체가 떠오른다. 갈매기는 곧 님이 아니겠는가. 소실댁은 돌아본 척도 않고 외지에 나가 여성편력에 여념이 없는 님을 물고기 사냥에 빠져있는 갈매기를 통해 간접적으로 그리고 있다.

  이 작품의 의미 구조는 제3연까지 각 연의 제1행과 제2행이 배경과 대상으로 이루어져 있는데, 이와는 달리 제4연과 제5연에서는 연 단위로 배경과 대상이 나뉘어 있다. 그러니 의미 구조로 본다면 제4, 5연은 한 부분으로 묶일 수 있어서 전체 작품은 기승전결의 4단으로 전개된다고 할 수 있다. 3연까지는 앞말의 꼬리를 이어받는 연쇄구조인 것도 재미있다. 행 단위로 ㅅ, ㄴ, ㅈ, ㅂ 등이 빚어낸 압운적인 효과도 조화롭다. 한 여성의 애잔한 삶을 아름답게 승화시킨 작품이다. 미당의 많은 작품들 가운데 유수한 수작의 하나로 평가할 만하다.

*　　　　　*

  미당은 산문「영산홍 이야기」에서 이 작품을 쓰게 된 동기를 밝히고 있는데 재미있다. 그는 이 작품을 쓸 무렵까지도 영산홍을 잘못 알고 있었다고 고백한다. 소학교 시절 친구의 집에 놀러갔다. 그 친구의 어머니는 한때 승지의 소실이었다. 그 집 뜰에 아름다운 꽃이 피어 있었기에 그 꽃의 이름을 물었더니 영산홍이라고 했다. 그러나 그 꽃은 영산홍이 아니라 산당화(山棠花, 명자꽃)이었던 것을 쉰이 넘어서야 알게 된다. 그러면서 그는 잘못 아는 것이 때로는 괜찮은 결과를 낳기도 한다고 변명한다. 사실 미당은 어렸을 때 보았던 그 빨간 산당화와 친구의 젊은 어머니를 생각하면서 이 작품을 썼을 것이다. 만일 그 꽃의 이름이 영산홍이 아니라 산당화라는 것을 미리 알았더라면 이 작품의 첫 연과 같은 구절은 얻지 못했을 것이다. 아니, 작품「영산홍」은 아예 탄생하지 않았을지도 모른다.

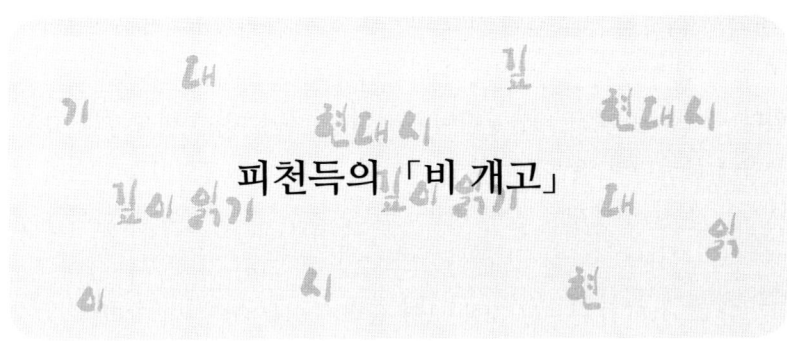

피천득의 「비 개고」

　피천득(皮千得, 1910~2007) 선생은 수필가로 세상에 널리 알려진 분이다. 그러나 그는 20대초부터 시를 써 왔고 『서정시집』(1947), 『금아시문선琴兒詩文選』(1960) 등의 시집을 가진 시인이다. 80대에 시집 『생명』(1993)을 간행하여 문단의 이목을 끈 바도 있다. 「비 개고」는 『생명』에 수록되어 있는 4행의 짧은 시다.

　　　햇빛에 물살이
　　　잉어같이 뛴다
　　　"날 들었다!" 부르는 소리
　　　멀리 메아리친다
　　　　―「비 개고」 전문

　겉보기엔 별로 대단한 작품처럼 생각되지 않는다. 비 갠 뒤 물가에서 벌어진 단순한 한 정경을 그리고 있는 것 같다. 그러나 자세히 들여다보면 이 작품 속에는 평화롭고 아름다운 배경과 인물들이 진술 밖에 감춰져 있음을 발견하게 된다.

배경이 물가인 것은 쉽게 짐작이 간다. 어떤 물가일까? 잔잔한 호수나 큰 강물 같지는 않다. '물살이 잉어같이 뛴다'로 미루어 보아 여울로 보인다. 강보다는 작고 개울보다는 규모가 큰, 물살이 센 여울이다. 그 여울가에 목소리의 주인공은 무엇 하러 왔는가. 아마 물고기를 잡으러 왔으리라. 물살이 햇빛을 받아 반짝이는 모습을 '뛰는 잉어'를 빌어 표현한 것으로 이를 추측할 수 있다. 혼자 왔는가. 그런 것 같지는 않다. '날 들었다'고 소리쳐 부르는 것을 보면 상대가 있는 것 같다. 그러나 그 상대는 화자가 있는 곳에서 상당히 떨어져 있는 듯하다. 이는 제4행의 '멀리'가 암시해 주고 있다. 그리고 멀리 메아리치게 하는 목소리의 주인공은 아마도 청년이리라.

이상의 짐작들을 바탕으로 하여 우리는 다음과 같은 이야기를 엮어낼 수 있다. 어느 평화로운 농촌의 초여름쯤이리라. 군대에 간 친구가 모처럼 휴가라도 얻어 왔는지 모른다. 그를 위로하기 위해 마을 친구들은 바쁜 일손을 잠시 멈추고 어느 하루를 잡아 천렵川獵을 나섰으리라. 그런데 그날따라 이른 아침부터 하늘이 찌푸리더니 여울에 이르자 드디어 비가 내리는 것이 아닌가. 그러자 가지고 간 투망이며 낚시 도구들을 여울가에 놓아둔 채 비를 피해 인근의 주막집에라도 잠시 들었으리라. 그리고 막걸리라도 한 사발씩 하면서 비가 긋기를 기다리고 있을지도 모른다. 아니 무료하니까 주모에게 화투를 빌어 벌써 고스톱판이라도 벌이고 있을 법도 하다. 그런데 이러한 친구들과는 달리 화자(목소리의 주인공)는 조바심이 나서 그들과 함께 주막에 머물 수가 없다. 그는 추적추적 부슬비를 맞으면서 계속 여울가를 서성이고 있다. 그런데 이 얼마나 반가운 일인가. 비가 긋더니 검은 구름 사이로 맑은 햇살이 화사하게 쏟아져 내리는 것이 아닌가. 그러자 그는 '날[日] 들었다!'고 탄성을 지르며 친구들을 부르는 것이다. 이 얼마나 흥겨운 정경인가. 여기에는 평화와 희망 그리고 세계에 대한 사랑이 담겨 있다.

다음은 『생명』의 말미에 붙어 있는 석경징 교수의 탁월한 감상이다. 함께 음미해 보도록 하자.

얼핏 보기에 비 온 뒤의 광경을 어린이의 정서적 차원에서 그려 놓은 것으로 생각됩니다. 그런 점에서 묘사는 정확 그 자체입니다. 물살에 햇빛이 잉어같이 뛴다고 할 수도 있겠으나 뛰는 것은 역시 물살입니다. 장마철에 물이 불어서 샛강이나 개울로 올라온 잉어를 마을 청년들이 잡을 때, 뛰는 잉어와 쫓는 청년들이 이루는 힘차고 빠른 움직임을 연상케 합니다. '햇살에 물살이/ 잉어같이 뛴다'라는 네 마디의 간결한 표현은 비 개인 뒤 햇빛의 선명함과 물살의 움직임이 어우러져 이루는 역동감을 극도로 절약된 언어적 표현, 즉 최대한의 효율성을 지니고 사용된 수사적 기법이 조화를 이루며 달성한 시적 형상화의 한 전범典範과 같습니다. 그러나 다음 두 행이 없었더라면 이 시는 일종의 광경 묘사에 그쳤을 것입니다. 앞의 두 행이 자연의 한 면을 대상으로 그린 것이라면 '"날 들었다!" 부르는 소리/ 멀리 메아리 친다'라는 두 행은 사람 사는 곳의 한 장면입니다.---(중략)--- 날 들었다고 '외치지'를 않고 '부른다'라고 되어 있는 것도 주의해야 하리라고 봅니다. 부른다는 것은 누구를 부른다든가 노래를 부른다고 할 때의 '부른다'입니다. 결코 혼자서 상대 없이 지르는 '날 들었다!'란 소리가 아닙니다. 또 경악이나 공포를 반영할 수도 있는 '외침'이 아니라 이웃사람의 화답을 기대하는 '부름'이고 따라서 즐겁게 고양된 감정을 노래하는 '부름'입니다. 또 '멀리서' 메아리치는 것이 아니라 '멀리' 메아리친다고 한 것에도 주목할 만합니다. 메아리는 소리 낸 사람에게 돌아

온 것이므로 '멀리 메아리친다'는 것은 '날 들었다!'고 노래부르듯, 또는 누군가를 부르듯 소리친 사람의 위치에서 떨어진 소위 제3자의 자리에서 서술하는 말입니다. 그렇다 하더라도 그 메아리가 이 제3자에게 돌아오는 소리로 그려져 있지는 않으므로, 이 대목은 말하자면 물살이 퍼져나가듯 한 사람의 "날 들었다!"란 말을 받아 다른 사람이 "날 들었다!"고 하고, 또 그 소리를 받아(원래 '부르며' 낸 소리였으니까) 제3의 사람이 응답하듯 불러나가는 것을 그려내고 있습니다. 앞의 두 행에 자연 변화의 일단을 담았다면 뒤의 두 행에는 사람 사는 세상의 한 정경을 담아서 결국 자연과 인간이 어울리는 리얼리티의 편린을 그려놓고 있습니다.
— 석경징의 해설「진실의 아름다움」중에서 —

시는 그 분량이나 문체의 화사함으로 평가되는 글이 아니다. 시는 산문과는 달리 압축·간결함이 그 특징이 아닌가. 그러니 표현의 번거로움이 시의 장점이 될 리 없다. 물론 표현하고자 하는 시상이 웅대雄大·심원深遠하여 길어질 수밖에 없는 경우도 있기는 하리라. 그러나 시적 표현의 중요한 특징 중 하나는 '숨기면서 말하기'이다. 말하자면 표현의 이면에 감추어진 정황을 소중히 생각하면서도 그것을 직설적으로 언표言表하지 않는 기법이다. 그렇게 숨겨 담는 것이 작자의 능력이며 기쁨이고, 그것을 찾아 음미하는 것이 독자의 몫이며 또한 즐거움이다.

박재삼의 「봄바다에서」

1

화안한 꽃밭 같네 참.

눈이 부시어, 저것은 꽃핀 것가 꽃진 것가 여겼더니, 피는 것 지는 것을 같이한 그러한 꽃밭의 저것은 저승살이가 아닌 것가 참. 실로 언짢달 것가. 기쁘달 것가.

거기 정신없이 앉았는 섬을 보고 있으면,

우리가 살았닥 해도 그 많은 때는 죽은 사람과 산 사람이 숨소리를 나누고 있는 반짝이는 봄바다와도 같은 저승 어디쯤에 호젓이 밀린 섬이 되어 있는 것이 아닌 것가.

2

우리가 소시少時적에, 우리까지를 사랑한 남평문씨南平文氏 부인夫人은, 그러나 사랑하는 아무도 없어 한낮에 꽃밭 속에 치마를 쓰고 찬란한 목숨을 풀어 헤쳤더란다.

확실히 그때로부터였던가, 그 둘러썼던 비단치마를 새로 풀며 우리에게까지도 설레는 물결이라면

우리는 치마 안자락으로 코 훔쳐 주던 때의 머언 향내 속으로 살 달아

마음 달아 젓는단 것가.
　　　　　*
　　돛단배 두엇, 해동갑하여 그 참 흰나비 같네.
　　　　　　―「봄바다에서」전문

　이 작품은 박재삼의 처녀시집『춘향의 마음』(1962)에 수록되어 있다. 20대에 쓴 작품이다. 그런데 그의 일반적인 서정시와는 달리 정서의 구조가 단순하지 않다. 젊은 날의 섬세하고도 깊은 서정의 올들이 비단 무늬처럼 얽혀 있다.

　제1연은 바다, 제2연은 남평 문씨에 대한 진술이다. 전자는 현재, 후자는 과거의 정황이 주도한다. 먼저 제1연의 첫 행부터 따져보도록 하자. 　바다를 환한 꽃밭 같다고 한다. 바야흐로 봄이 되어 만물이 생동하는 기운이 온 산천에 감돌고 있다. 바다의 잔물결들이 화사한 햇살을 받아 반짝이는 모습이 싱그럽다. 마치 봄 동산의 꽃밭같이 눈이 부시게 아름답다. 그래서 봄바다를 꽃밭 같다고 했다. 그런데 문제는 제2행의 진술이다. 그 꽃밭은 '피는 꽃'과 '지는 꽃'의 상반된 두 요소를 공유하고 있는 이율배반적인 공간으로 제시된다. '피는 꽃'의 이미지는 생동하는 봄 곧 현실(이승)에 대한 감각이고, '지는 꽃'의 이미지는 죽음 곧 저승에 대한 감각이리라. 왜 바다에서 저승의 이미지를 느끼게 되는가 하는 이유는 제2연의 진술(남평 문씨의 죽음)을 읽고 난 뒤에야 비로소 그 해답을 얻을 수 있다. 궁금증을 불러일으키는 의도된 장치다. 아무튼 이 봄바다는 다음과 같은 이중구조를 갖는다.

　　　피는 꽃 -- 봄-- 이승 --기쁨
　　　지는 꽃--죽음--저승--언짢음

제3, 4행은 섬에 대한 선망의 정을 읊은 것이다. 바다 가운데 떠 있는 섬을 물끄러미 바라보고 있으면 자신도 섬이 된다. 섬이 떠 있는 그 바다는 '죽은 사람(남평 문씨)'과 '산 사람(=나)'이 '숨소리를 나누고 있는(=함께 사는)' 저승과 이승이 공존하는 공간이다. 화자의 섬에 대한 선망은 저승 지향을 의미한다. 저승 지향은 다름 아닌 남평 문씨에 대한 사랑이다.

제2연은 과거의 한 에피소드─남평 문씨에 대한 진술이다. 남평 문씨는 어린 우리까지를 사랑한 인정 어린 여인이었다. 그러나 그녀는 '사랑하는 아무도 없어(님을 잃고)' 드디어 '꽃밭 속(바다)'에 투신자살을 한다. 님을 앗아간 바다에 뛰어들어 님과 하나가 되고자 했던 것인지도 모른다. 이런 일이 있고부터 바다를 볼 때마다 남평 문씨의 치마폭 같은 그 바다 물결은 죽은 남평 문씨에 대한 기억을 되살아나게 한다. 치마 안자락으로 코 훔쳐주던 남평 문씨에 대한 정겨운 사랑의 기억을 돌이키면 지금도 심신이 달아오름을 억제할 수 없다.

맨 끝의 마지막 한 행은 독립된 연이라고 해도 좋다. 작품을 마무리 짓는 에필로그인데 다시 현실로 돌아와 바다의 정경을 제시하고 있다. 돛단배 두엇이 온종일 흰나비처럼 바다에 떠 있다고 말한다. 바다를 꽃밭으로 보았으니 돛단배를 나비로 보는 것은 자연스런 발상이리라. 그러나 이 진술은 단순한 서경이 아니라 화자의 선망을 담고 있다. 남평 문씨가 가 있는 저 저승(바다)에 온종일 떠 있는 돛단배에 대한 선망이다. 그 선망의 정을 '참'이라는 감탄사를 통해 읽어낼 수 있다. 이는 제1연에서의 섬 지향의 욕망과 궤를 같이 한다.

모성적 사랑에 대한 그리움을 애절하게 표현한 수작이다. 작품 전체의 극적인 전개 구조도 성공적이고 비유도 적절하다. 의도적으로 사투리

투의 어미를 구사해서 향토성과 유년기의 정서를 환기하려는 것도 주목할 만하다.

시가 비록 난해하더라도 논리적 구조를 지니고 있다면 풀리지 못할 것도 없다. 시를 해독하는 재미는 마치 미로의 통로를 찾아가는 게임처럼 보다 난해한 구조에서 더욱 배가할지 모른다. 그러나 만일 끝까지 이해되기를 거부한 난해시가 있다면 이는 문제가 아닐 수 없다. 이는 독자들의 시에 대한 사랑과 기대를 저버린 배반이기 때문이다.

김종삼의 「시인학교」

　시인은 어느 시대, 어느 사회와도 어울리지 못하는 이방인이다. 현세적·지상적 삶에 적응하지 못하는 외톨박이다. 말하자면 세상과의 궁합이 맞지 않는 잘못 태어난 외로운 족속들이다. 그래서 자기는 천계의 신선이었는데 잘못해서 이 지상에 잠시 귀양 온 적선謫仙이라고 자위하기도 하고, 혹은 이 현상의 세계 저 너머에 새로운 본향本鄕이 있다고 믿고 그곳을 그리워하면서 살아가기도 한다.
　아무튼 현세와 화목하기 어려운 시인들은 세상을 향해 더러는 욕설을 퍼붓기도 하고 혹은 백일몽을 꿈꾸며 불만스러움을 달래기도 한다. 「시인학교」는 김종삼(金宗三, 1921~1984)의 꿈의 기록이다. 그가 상상 속에서 빚어 만든 유토피아의 세계라고 할 수 있다.

　　공 고公告

　　　오늘 강사진

　　　음악 부문

　　　　모리스 라벨
　　　　미술 부문
　　　　폴 세잔느

　　　　시 부문
　　　　에즈라 파운드
　　　　모두
　　　　결강.

　　　김관식, 쌍놈의 새끼들이라고 소리 지름. 지참한 막걸리를 먹음. 교실 내에 쌓인 두터운 먼지가 다정스러움.

　　　　김소월
　　　　김수영 휴학계

　　　　전봉래
　　　　김종삼 한 귀퉁이에 서서 조심스럽게 소주를 나눔. 브란덴부르크 협주곡 제5번을 기다리고 있음.

　　　　교사.
　　　　아름다운 레바논 골짜기에 있음.
　　　　　　―「시인학교」 전문

　　　시의 내용은 이렇다. 학교에 등교를 했더니 게시판에 〈공고〉가 붙어 있다. 오늘 강사진(라벨, 세잔느, 파운드)이 다 결강이라고―. 그러자 학생인 김관식이 욕설을 퍼부으며 교실에서 막걸리를 마신다. 김소월과 김수영은 이미 휴학계를 내고 학교에 나오지 않고, 전봉래와 김종삼 자신은 바흐의 브란덴부르크 협주곡 제5번을 기다리며 소주를 나눈다. 학교는 지중해 동쪽 연안에 자리한 아름다운 레바논 골짜기에 있다.

  김종삼은 그의 이상향을 하나의 학교로 설정했다. 중년 이후에 접어들어 인생을 돌이켜보며 가장 아름다웠던 때가 학창시절이었다고 느꼈을지 모른다. 약간의 과제물들 때문에 더러 시달림을 당하긴 했어도 그래도 별 근심걱정 없이 행복하게 살았던 때가 바로 학창시절이 아니던가. 세상과의 갈등 속에서 언제나 소외와 패배만을 맛보았던 그는 유년의 학창시절이 인생의 황금기였다고 생각했을지 모른다. 그래서 그의 이상향을 학교로 삼았으리라. 그 학교는 세속적인 인간들에게는 허용되지 않는 시인만의 성지다. 시인들 가운데서도 그가 좋아하는 시인들만으로 한정되어 있다. 강사들 역시 그가 좋아하는 세계적인 예술가들로만 구성된다. 그런데 여기에 등장하는 인물들은 몇 가지의 공통점을 지니고 있다. 그것은 천재성과 비극성이다. 그들은 천재적인 예술가들인데 그들이 이 지상에 머물고 있을 때는 세상의 인정을 받지 못하고 불우하게 살다간 비극적인 인물들이다. 프랑스의 작곡가 모리스 라벨은 그가 만든 감미로운 곡들과는 달리 교통사고로 정신장애에 시달리다 불행하게 갔다. 후기인상파의 거장 폴 세잔느는 미술학교에 낙방했는가 하면, 화랑으로부터 그의 작품이 거절당한 수모를 겪기도 했다. 20세기의 대표적 시인인 에즈라 파운드는 모국인 미국으로부터 추방령을 받고 떠돌이 삶을 살았던 사람이 아닌가. 김관식, 김소월, 김수영, 전봉래 등도 다 천재적인 기질을 타고난 시인들인데 세상과 잘 타협이 되지 않아 불행하게 살다 갔다. 술로 몸을 망치기도 했고 젊은 날에 스스로 목숨을 끊기도 했다. 그러나 눈먼 세상 사람들은 이 천재들이 지상에 머물고 있을 때는 모르다가 그들이 세상을 뜬 후에야 비로소 보게 된다. 김종삼은 「시인학교」 속에서 자신을 이들 불우한 천재 시인들과 나란히 놓음으로 자신의 지상적 불우를 자위코자 했으리라. 또한 이 작품은 자신의 가치를 미처 깨닫지 못하는 무지한 세상 사람들을 비웃는 냉소를 담고 있기도 하다.

　다시 작품으로 돌아가 보자. 아무리 명강사들의 흥미로운 강의일지라도 역시 학생들의 평화는 수강보다는 휴강에 있다. 그래서 김종삼은 강사들을 결강시킨다. 교실 내에 쌓인 먼지가 두터운 걸 보면 이 학교에서의 휴강은 오늘만의 일이 아니라 아마 다반사인 것 같다. 수강의 번거로움에서도 해방된 채 다정다감한 친구들과 함께 자신이 좋아하는 술을 마신다. 조금 있으면 이미 방송실에 신청해 놓은 그가 좋아하는 바흐의 브란덴부르크 협주곡 제5번이 흘러나올 것이다. 교실 창밖은 세계에서 제일 아름다운 레바논 골짜기의 자연이 펼쳐져 있다.

　김종삼은 술을 좋아했다. 특히 안주도 없이 소주를 즐겨 들었다고 한다. 술로 몸을 망쳐 의사의 금주령이 내렸을 때도 그는 가족들 몰래 술을 마시기 위해 집을 뛰쳐나오곤 했다. 문우들에게 술값을 구걸하기도 하고 술값이 없으면 가게에서 소주를 훔치기도 했다니 얼마나 술을 좋아했던가 짐작이 간다. 그는 또한 음악을 좋아했다. 특히 바흐와 모차르트를 좋아했다. 누가 그에게 죽음이 무엇인가 물으니 '모차르트를 못 듣게 되는 것'이라고 대답할 정도로 그는 음악광이었다.

　「시인학교」는 김종삼이 시공을 초월해서 그가 좋아하는 사람들만을 끌어다 세운 이상 공간이다. 자기를 알아주는 지기와 함께 세계에서 가장 아름다운 자연 레바논 골짜기를 바라보면서, 그가 제일 사랑하는 음식 소주를 홀짝이며, 또한 그가 제일 좋아하는 바흐의 음악이 나오기를 기다리는 - 그 정경을 상상해 보라. 바로 이것이 김종삼이 꿈꾸는 소박한 유토피아다.

* 작품 「시인학교」는 김종삼의 제2시집 『시인학교詩人學校』(신현실사, 1977)에 수록되어 있음

한용운의 「가지 마셔요」

　요즈음의 시인들은 마치 기록 경쟁을 하듯이 시집들을 양산해 낸다. 수십 권의 개인 시집을 갖고 있는 시인들도 적지 않다. 물량을 중요시 여기는 세상이니 적은 것보다야 많은 편이 좋을지도 모른다. 그러나 우리 시문학사를 살펴보면 한 권의 시집만 갖고도 문학사에 길이 남는 시인들을 드물지 않게 만나게 된다. 1920년대의 대표적인 시인인 소월과 만해 역시 그런 분이다.

　만해 한용운(1879~1944)의 『님의 침묵』(1926, 회동서관)이 집필된 시기는 1925년 6월초로부터 8월말에 이르는 약 80여 일간으로 추정된다. 『님의 침묵』에 수록된 작품의 총수는 첫머리의 「군말」과 맨 끝의 「독자에게」까지를 합하여 총 90편이니까, 매일 한 편 이상씩 의도적으로 창작하여 엮어낸 시집이다. 주지하다시피 그는 승려요 사상가로서 민족의 독립을 위해 투쟁했던 지사였다. 문단과의 교유도 별로 없었고 전문적인 시인도 아니었다. 물론 한시에 대한 소양이 없었던 것은 아니지만 『님의 침묵』 이전에 그가 쓴 현대시란 겨우 뒤 편*에 지나지 않는다. 별 습작기도 거치지 않은 그가 47세의 중년의 나이에 한 권의 시집을 하루아침에 엮어낸 것이다. 그런데 그 한 권의 시집이 당대에는 별로 인정을 받지 못했지만 세월이 흐르는 동안 많은 문학연구가들의 관심의 대상이 되었고 드디어는 한국현대시의 중요한 유산으로 평가되기에 이른다.

『님의 침묵』이 많은 사람들에게 관심을 불러일으키는 요인의 하나는 그 상징성이라고 할 수 있다. 만해는 시집 첫머리의 「군말」에서 '님'의 성격을 밝히고 있다. '「님」만 님이 아니라 그룬 것은 다 님이다. 중생이 석가의 님이라면, 철학은 칸트의 님이다. 장미화의 님이 봄비라면 마시니(G.Mazzini:이태리의 혁명가)의 님은 이태리다. 님은 내가 사랑할 뿐 아니라 나를 사랑하나니라.' 그의 말의 요지는 이성적인 님만이 님이 아니라 그립고 소중한 것이면 다 님이 된다는 것이다. 그래서 『님의 침묵』 속에 등장한 님의 정체를 조국이나 민족, 불타나 중생, 연인이나 친구 등 다양하게 해석하기도 한다. 그러나 그 님의 정체가 그렇게 단순한 것만은 아니다.

    그것은 어머니의 가슴에 머리를 숙이고 자기자기한 사랑을 받으랴고 삐죽거리는 입설로 표정하는 어여쁜 아기를 싸안으랴는 사랑의 날개가 아니라, 적敵의 깃발입니다.
    그것은 자비의 백호광명白毫光明이 아니라, 번득이는 악마의 눈[眼]빛입니다.
    그것은 면류관과 황금의 누리와 죽음과를 본 체도 아니하고, 몸과 마음을 돌돌 뭉쳐서 사랑의 바다에 퐁당 넣랴는 사랑의 여신이 아니라, 칼의 웃음입니다.
    아아 님이여, 위안에 목마른 나의 님이여, 걸음을 돌리셔요, 거기를 가지 마셔요, 나는 싫여요.

    대지의 음악은 무궁화 그늘에 잠들었습니다.

광명의 꿈은 검은 바다에서 잠약질합니다.
무서운 침묵은 만상의 속살거림에 서슬이 푸른 교훈을 나리고 있습니다.
아아 님이여, 새 생명의 꽃에 취하랴는 나의 님이여, 걸음을 돌리셔요, 거기를 가지 마셔요, 나는 싫여요.

거룩한 천사의 세례를 받은 순결한 청춘을 똑 따서 그 속에 자기의 생명을 넣서, 그것을 사랑의 제단에 제물로 드리는 어여쁜 처녀가 어데 있어요.
달금하고 맑은 향기를 꿀벌에게 주고, 다른 꿀벌에게 주지 않는 이상한 백합꽃이 어데 있어요.
자신의 전체를 죽음의 청산에 장사지내고, 흐르는 빛으로 밤을 두 쪼각에 베이는 반딧불이 어데 있어요.
아아 님이여, 정情에 순사殉死하랴는 나의 님이여, 걸음을 돌리셔요, 거기를 가지 마셔요, 나는 싫여요.

그 나라에는 허공이 없습니다.
그 나라에는 그림자 없는 사람들이 전쟁을 하고 있습니다.
그 나라에는 우주만상의 모든 생명의 쇳대를 가지고, 척도尺度를 초월한 삼엄한 궤율軌律로 진행하는 위대한 시간이 정지되얏습니다.
아아 님이여, 죽음을 방향芳香이라고 하는 나의 님이여, 걸음을 돌리셔요, 거기를 가지 마셔요, 나는 싫여요.
  —「가지 마셔요」전문

전 4연으로 이루어진 장행시인데 각 연의 구조는 비슷하다. 제1, 2, 3행에서는 부정적인 상황을 병치 제시하고 끝의 제4행에서는 거기에 유혹되지 말라고 님을 만류하는 구조로 되어 있다.

제1연의 '그것'은 모성적 사랑이 아니라 적의 깃발이며, 부처님의 자비의 광명이 아니라 악마의 눈빛이며, 헌신적인 사랑이 아니라 살의殺意를 숨긴 가식적인 호의라고 하면서 '거기'에 유혹되지 말기를 당부한다. 제1연은 사랑에 목마른 님을 노래하고 있다.

제2연은 고도의 은유적 구조를 지니고 있어서 적잖이 난해한 부분이다. 제1행은 대지의 아름다운 사물들(대지의 음악)은 불변의 자연 속(무궁화 그늘)에 잠들었다는 지상적 정황을 말한다. 제2행은 태양(광명의 꿈)은 함지咸池(검은 바다)에 잠겨 있다는 천상적 정황을 말한다. 말하자면 밤 곧 어둠의 정황을 제시한 것이다. 그리고 제3행에 가서 밤의 고요(무서운 침묵)가 만상의 생동(속살거림)을 집어삼켜 버리는 만물 소멸의 교훈(서슬 푸른 교훈)을 환기시킨다. 그러면서 생명을 꿈꾸는 님이 어둠에 유혹되지 말기를 간청한다.

제3연은 세상엔 헌신적인 순애는 없다고 말한다. 순결한 처녀가 사랑을 위해 목숨을 내던지는 일도 없으며, 어떤 백합꽃이 한 꿀벌에게만 꿀을 주는 일도 없다. 자신의 몸을 불태워 죽음으로 밤의 어둠을 가르는 반딧불도 없다. 그런데 사랑을 위해 목숨을 바치려는 님이여, 그렇게 하지 말라고 일깨운다.

제4연은 죽음의 세계를 노래하고 있다. 그 나라는 공간(허공)도 없고(제1행) 시간도 없는(제3행) 유령들만이 전쟁을 하고 있는 곳이다.(제2행) 그런데 그 죽음의 세계가 아름답다고 하는 님에게 죽음의 유혹에 들지 말 것을 애원한다.

제1연은 위안 곧 사랑에 목마른 님을, 제2연은 밤 곧 암담한 현실에 처해 있는 님을, 제3연은 헌신적으로 사랑하려는 님을, 제4연은 죽음을 두려워하지 않는 님을 그리고 있다. 주제면에서 보면 제1, 3연과 제2, 4연이 서로 엇갈리게 짝을 만들어 대우의 조화를 이루고도 있다.

그렇다면 이 작품에서의 님은 무엇을 상징하고 있는가. 조국인가 불타인가 아니면 다른 어떤 것인가. 우선 이 작품 속에 드러난 님의 정체를 살펴보도록 하자. 우선 사랑에 목마른 존재며 또한 헌신적인 사랑을 쏟고자 하는 존재다. 분별력이 없고 고지식하다. 세상의 물정에 밝지도 못하고 또한 단순하다. 말하자면 선량하기는 하지만 어딘가 좀 아둔하고 모자란 존재로 보인다. 절대적 존재로서의 조국이나 원만 구족한 부처를 상징하는 것 같지는 않다. 그렇다고 이성적인 연인을 지칭한 것으로 단정 짓기에는 작품의 스케일이 너무 크다. 민족이나 중생으로 보기에는 너무 의지롭고 개성적이다. 그렇다면 도대체 이 작품에서의 님은 무엇이란 말인가.

만해는 「군말」에서 '긔룬 것'이면 무엇이든 다 님이 될 수 있다고 했다. 그 '긔룬'의 의미를 그리워하고 소중히 여기는 것이라고 한다면 이 세상에서 가장 소중한 것이 무엇일까. 조국이나 부처나 연인에 못지않게 '자아自我'도 이에 해당하지 않겠는가. 이 작품은 내가 내 자신에게 이르는 자경가自警歌로 볼 수는 없을까. 유혹에 물들기 쉽고 분별력이 약한, 고지식하고 아둔한 자기 자신을 스스로 일깨우는 노래 말이다.

굳이 이 「가지 마서요」를 들어 여기서 거론하게 된 이유는 만해의 님이 상징하는 다른 한 유형을 제시하기 위해서인 것이다.

시집 『님의 침묵』이 지닌 문학적 성과가 그렇게 단기간 동안에 이루어질 수 있었던 것은 만해가 선천적으로 지니고 있었던 시적 감수성과, 한시를 통해서 이미 연마된 시적 재능도 크게 기여했으리라. 그러나 이러한 것들보다도 『님의 침묵』을 낳게 한 가장 큰 원동력은 정신력이 아닌가 생각된다. 선사로서 혹은 지사로서 그가 지닌 불굴의 정신력이 하나의 작품집에 응집하여 발현된 결과로 보인다.

* 1818년 《유심惟心》 창간호에 「심心」을 그리고 1922년 《개벽》 27호에 「무궁화無窮花 심으과저」라는 작품을 발표했다.

백석의 「성외城外」와 「정주성定州城」

　백석(白石, 1912~1963?)은 1930년대 한국시사에 개성적인 발자취를 남긴 시인이다. 평북 정주에서 태어나 오산학교를 거치면서 선배인 소월을 흠모하는 가운데 문학에 뜻을 두게 된 것 같다. 1930년 조선일보 신춘문예에 단편소설로 문단에 등단한다. 그는 도쿄 아오야마학원靑山學院에서 영문학을 공부한 뒤 1934년 조선일보 교정부 기자로 일하게 된다. 그의 문학적 역량은 1935년 조선일보에 발표한「정주성定州城」을 필두로 시에서 나타난다. 그는 이어서 《조광朝光》지를 통해 시작 활동을 활발히 전개하여 1936년 초에 35편이 수록된 처녀시집『사슴』을 상재하기에 이른다.『백석시전집』(창작사, 1987)에 수록된 전 작품이 총 94편에 불과하니, 24세 된 1935년이 그의 시창작의 전성기인 셈이다.
　『사슴』에 수록된 작품들은 대부분 백석이 유년에 겪었던 토속적인 소재들로 이루어진다. 가난하지만 평화로운 산골의 정경과 풍속 그리고 방언들이 정겹게 담겨 있다. 당시는 서구 모더니즘이 들어와 도시 문명과 이국적인 정조에 관심을 기울이던 시기였다. 외국에서 영문학을 전공한 그였으니 어쩌면 이러한 신풍조에 민감했을 법도 한데 그가 선택한 시의 길을 독특했다. 유년과 고향으로의 퇴영처럼 보였다. 그러나 고유의 것들이 점점 소멸되어 가는 조국 상실의 시대에 그는 자기가 할 몫이 무엇인가를 깨닫고 있었던 것 같다. 우리 언어와 문화 그리고 평화에 대한 사랑이 고향으로의 회귀를 선택했으리라. 말하자면 그의 고향회귀는 민족의식의 발로라고 할 수 있다. 『사슴』을 비중 있게 평가한 것은 작품의 문학성도 문제가 되지만 시인의 매서운 시정신이 바탕을 이루고 있기 때문이라고 할 수 있다. 「성외城外」는 『사슴』에 수록된 작품이다.

  어두워오는 성문城門 밖의 거리
  도야지를 몰고 가는 사람이 있다

  엿방 앞에 엿궤가 없다

  양철통을 쩔렁거리며 달구지는 거리끝에서 강원도江原道로 간다는 길로 든다

  술집 문창에 그느슥한 그림자는 머리를 얹는다
    —「성외」 전문

 전 4연으로 되어 있는 소품이다. 성문 밖 저녁 무렵에 펼쳐지고 있는 네 개의 정황을 병치해 놓은 단순한 구조다.
 성내와는 달리 성외는 하층민들이 살고 있는 소외지대다. 거기다가 어둠이 밀려들고 있는 저녁 무렵이니 얼마나 쓸쓸한가. 돼지를 몰고 가는 사람이 있다. 팔러 나왔다 종일 기다려도 팔리지 않으니 다시 몰고 가는 농부일까. 아니면 도살하기 위해서 끌고 가는 백정일까. 엿방 앞에 엿을 진열해 놓은 엿궤도 보이지 않는다. 날이 저물어 집안으로 옮긴 것인가.

아니면 흉년이 들어 엿 만들 곡식이 없어서 엿을 못 만들고 있는 것인가. 빈 양철통을 실은 달구지는 날이 어두워 오는데 먼 길을 떠나고 있다. 어느 먼 지방에서 무엇을 싣고 왔다 떠나가는 것인가. 아니면 무엇을 실어 오려고 떠나고 있는가. 술집 창문엔 아직 이른 저녁인데 기생의 머리를 얹는 실루엣이 어른거리며 비치고 있다. 어느 부잣집 한량이 새로 온 어린 기생의 머리를 얹어 주는 것인가. 아니면 어느 노총각이 몇 푼 모은 돈으로 퇴기와 모처럼 하룻밤을 지내려는 수작인가. 모든 정황들은 판단중지의 상태로 제시되어 독자들의 상상력을 발동시킨다. 서민들의 애환이 서려있는 쓸쓸하고 허전한 정경이다. 가난과 소멸의 비극을 담고 있는 어두운 풍경화다.

이 작품은 그의 처녀작인「정주성定州城」의 연작이라고 해도 좋을 만큼 소재와 분위기가 아주 흡사하다. 시간적인 배경도 비슷한 밤이고 정황을 병치하는 구조도 다르지 않다.

> 산山턱 원두막은 뷔었나 불빛이 외롭다
> 헌깊심지에 아즈까리 기름의 쪼는 소리가 들리는 듯하다
>
> 잠자리 조을든 문허진 성城터
> 반디불이 난다 파란 혼魂들 같다
> 어데서 말 있는 듯이 크다란 산새 한 마리 어두운 골짜기로 난다
>
> 헐리다 남은 성문城門이
> 한울빛같이 훤하다
> 날이 밝으면 또 메기수염의 늙은이가 청배를 팔러 올 것이다.
> ―「정주성」 전문

빈 원두막에 불빛만 외롭다. 아주까리기름 타는 소리가 들릴 것만 같은 고요한 밤이다. 폐허의 성터엔 반딧불이 푸른 혼불처럼 어지럽게 날고 있다. 어디서 불현듯 큰 새 한 마리 어두운 골짜기로 날아간다. 뚫린 성문에 휑하니 허공이 드러나 보인다. 날이 밝으면 또 메기수염의 늙은이가 어쩌면 아직 채 익지도 않은 청배[靑梨, 과피가 녹황색을 띤 배의 한 종류]를 팔러 일찍 나올 것이다.

발표는 「정주성」이 앞서지만 작품 속의 시간적 배경으로 따진다면 「성외」의 속편으로 「정주성」을 놓아도 무방할 것 같다. 당시 몰락해 가는 우리 민족의 비극적인 정황을 상징적으로 표상하고 있는 작품이라고 할 수 있다.

백석은 정착에 익숙하지 못했다. 현실에 적응할 수 없어서 그랬을까. 그의 생애는 유랑의 연속이었다. 1936년 그는 조선일보를 떠나 함흥 영생여고보의 영어교사로 부임한다. 그리고 2년도 채 못 되어 기생 자야子夜를 좇아서 다시 서울로 돌아온다. 그리고 1939년에는 만주의 장춘長春으로 홀로 떠난다. 측량보조원, 소작인 혹은 세관원 등의 다양한 일을 하면서 만주에서의 그의 유랑은 광복이 되어 고향 정주로 돌아올 때까지 계속된다. 북한에서의 그의 문학적 활동은 별로 잘 알려져 있지 않다. 시를 쓰기보다는 번역과 동화 창작에 관심을 두었던 것 같다. 사회적 체제가 시 쓰기에는 적절치 못했던 모양이다. 60년대에 이르러 결국 숙청된 것으로 전해지고 있다.

서울 성북동 골짜기에 길상사吉祥寺라는 절이 있다. 대원각大元閣이라는 큰 요정을 허물고 그 자리에 세운 절이다. 그 요정의 주인이 김영한(金英韓, 법명 길상화吉祥華, 1999년 타계)이란 분인데 그가 세상을 떠날 때 그 집을 어느 스님께 시주하여 절로 바뀌게 된 것이다. 이 여인이 백석의 애인이었던 자야다. 그는 백석을 회고하는 책을 두 권이나 쓴 바도 있고, 적잖은 기금으로 백석문학상을 만들어 매년 백석을 추모토록 했다. 이 사실을 이 글의 말미에 밝힌 것은 조국의 분단으로 말미암아 평생 이들의 해후가 다시는 이루어질 수 없었던 것을 안타깝게 생각하며 이들의 영혼이나마 위로하고자 해서이다.

박목월의 「산도화·1」

산은
구강산九江山
보랏빛 석산石山

산도화山桃花
두어 송이
송이 버는데

봄눈 녹아 흐르는
옥 같은
물에

사슴은
암사슴
발을 씻는다
　　　―「산도화·1」 전문

박목월(朴木月, 1916~1978)의 첫 시집 『산도화山桃花』(영웅출판사, 1954)에 수록되어 있다. 세 편의 연작 중 첫 작품인데 아주 단순한 구조의 소품이다. '산도화'와 '사슴'이 주된 대상인데 그 대상들이 어디에서 무엇을 하고 있다는 설명이다. 즉 산에는 산도화가 벙글고, 물에는 사슴이 발을 씻는다는 내용이다. 그러니까 이 작품은 '배경+대상+동작'의 두 정황이 나란히 병치되어 있는 구조다. 의미 그 자체만으로 따지면 별로 신기할 것도, 감동적일 것도 없어 보인다. 그러나 우리가 이 작품을 실제로 읽고 난 뒤의 정감은 그렇게 단순하지만은 않다. 아주 흥겹고 신선하고 맑게 느껴진다. 이 작품의 어떤 요소가 그러한 감흥을 불러일으키는지 따져보도록 하자.

우선 이 작품은 조화로운 율격을 지니고 있어서 리드미컬하게 읽힌다. 각 연이 7·5조류의 율격에 담겨 있다.(필자는 7·5조의 변형이라고 할 수 있는 6·5, 5·5 혹은 8·5 등의 율격 형태들을 '7·5조류'라고 명명한다.) 각 연은 3행씩으로 이루어졌는데 행의 음절수를 점점 불려 배치하고 있는 점층 구조로 되어 있다. 다만 제3연만이 정반대인 점강 구조인데, 이는 전轉에서 의도적인 파격을 즐겨 시도하는 절구絶句적 양식의 구현으로 생각된다. 간결한 점층적 배행의 반복에서 시각적인 리듬을 살리고도 있다. 한편 ㅅ과 ㄴ의 자음들이 많이 반복되는 압운적 장치를 통해서 청신감과 유연감을 느끼게도 한다.

의미 구조를 좀더 자세히 분석해 보면 다음의 도표처럼 정리된다.

```
1연(기)   배경------------산--------------------보라색(석산)
2연(승)   대상+정황----산도화+피어남 ------------홍색(산도화)
3연(전)   배경------------물--------------------백색(옥 같은 물)
4연(결)   대상+정황----사슴+발을 씻음------------갈색(사슴)
```

'산'과 '물'의 대조적인 배경에 '식물(산도화)'과 '동물(사슴)'이라는 대립적인 대상의 배치도 조화롭다. 또한 각 연이 다채로운 색채적 이미지를 고루 담고 있는 것도 흥미롭다.

　제1연에서 제2연에 이르는 진술은 점강적 구조를 지니고 있다. 즉 '산→구강산→석산→산도화→두어 송이→송이'로 대상의 범주를 점점 축소해 가면서 특정한 부분을 선명히 노출시킨다. 이러한 전개 방식은 제3, 4연에서도 마찬가지로 나타난다. 즉 '물(개울)→사슴→암사슴→발'로 점점 축소 제시되고 있다. 영상예술에서 흔히 볼 수 있는 원경으로부터 시작하여 근경에 이르는 클로즈업의 기법이다. 대상을 단도직입적으로 일시에 제시하지 않고 주변에서부터 순차적으로 은근히 접근하여 마침내 독자들의 시선을 요처에 집중시키는 기법이다.

　한편 이 작품의 내포적 의미를 살펴보도록 하자. 배경으로 제시된 '구강산九江山'은 고유명사지만 '九江'이 불러일으키는 이미지가 산을 감돌아 굽이굽이 흐르는 강물을 연상케 한다. 그러니 그 산은 맑은 강물이 감돌아 싸고 있는 속세로부터 멀리 격리된 자연처럼 느껴진다. 또한 그 산은 보통의 산이 아니라 보랏빛 돌로 이루어진 석산이다. 보통의 초목들은 범접도 할 수 없는 강직剛直 청정淸淨의 신성한 산이다. 그 산의 돌 틈에 산도화가 한 그루 초연하게 자라 몇 송이의 꽃을 이제 막 터뜨리고 있다. 봄철에 흔히 볼 수 있는 진달래나 철쭉 같은 그런 꽃이 아니라, 비범하게 붉은 산도화다. 산도화는 무릉도원武陵桃源을 연상케도 한다. 그러고 보니 앞의 '九江'이나 '보랏빛 석산' 등도 다 은근히 비일상적인 세계─선경仙境 곧 이상적 공간을 암시하는 몫으로 설정된 것 같다.

　사슴은 동물 가운데서 가장 선량하고 깨끗한 짐승이라고 할 수 있다. 그 사슴 가운데서도 암사슴이니 얼마나 유순하고 정갈하겠는가. 그런데 그 암사슴의 발을 차고 맑은 얼음물에 씻기어 정화시키고 있다. 결벽을 지향하는 작자의 의도를 읽을 수 있다. 속인부재俗人不在의 정결한 자연만이 제시된 작품이다.

　어느 시대이거나 시인에게 있어서의 현실은 불만스럽기만 하다. 인간들의 세속적인 욕망과 질시로 아수라장을 이루고 있는 세태는 증오의 대상이 아닐 수 없다. 이러한 현실에 대한 시인의 거부 정신이 이상향을 꿈꾸게 한다.「산도화·1」은 목월이 꿈꾸는 이상 세계다. 그것은 전통적인 선仙의 세계에 닿아 있는 것처럼 보인다. 이러한 선적인 경향은 「청노루」「모란여정」등 그의 초기 작품들 가운데서도 어렵지 않게 만날 수 있다.

　이 작품에 등장한 두 개의 생명체 '산도화'와 '사슴'은 자연물이면서 한편으론 시적 자아가 전이轉移된 대상이라고 할 수 있다. 말하자면 산도화나 사슴처럼 초연·정결한 생명체로서 자연과 합일코자 하는 시인의 선망이 두 대상을 통해 간접적으로 투영된 것으로 볼 수 있다. 목월은 자아의 사물화(산도화·사슴)로 세속적 인간의 욕망을 극복하고자 했는지도 모른다.

　시가 복잡해야만 반드시 좋은 것은 아니다. 비록 단순할지라도 조화롭고 율동적인 구조를 통해서 격조 높은 시정을 아름답게 구축하지 못할 것도 없다.

이육사의 「아편鴉片」

나릿한 남만南蠻의 밤
번제燔祭의 두렛불 타오르고

옥玉돌보다 찬 넋이 있어
홍역紅疫이 발반하는 거리로 쏠려

거리엔 「노아」의 홍수洪水 넘쳐나고
위태한 섬 우에 빛난 별 하나

너는 고 알몸동아리 향기香氣를
봄바다 바람 실은 돛대처럼 오라

무지개같이 황홀恍惚한 삶의 광영光榮
죄罪와 곁들여도 삼직한 누리.
　　―「아편」 전문

『원본이육사전집』(집문당, 1986)에 수록되어 있는 이육사

(1904~1944)의 현대시는 총 33편에 지나지 않는다. 별로 많지 않은 양의 작품 가운데서도 「절정」「광야」「청포도」 등은 익히 알려진 수작들이다. 「아편」은 아직 우리에게 친숙하진 않지만 앞의 작품들 못잖은 가작으로 평가할 만하다. 「아편」은 1938년 《비판批判》지에 발표되었다. 소품이지만 시의 날과 결의 구조가 만만치가 않다. 우선 차근차근 정독을 하면서 행간의 의미를 들추어보도록 하자.

제1연은 야만인들이 살고 있는 남쪽의 나른한 여름 밤, 번제燔祭의 불이 타오르고 있다. 번제는 유대인들이 짐승을 통째로 태워 하느님께 바치는 제사의 일종이다. '두렛불'의 정확한 의미는 알 수 없으나 '두레'라는 말로 미루어보아 마을 사람들이 모여 집단적으로 치르는 행사처럼 보인다. 어떤 성스러운 의식이라기보다는 흥청댐의 야만적인 잔치 분위기가 느껴진다. 이국적인 정서가 어린 낯선 정황이다. 그러나 이 작품의 배경을 굳이 이국으로 추정치 않아도 될 것 같다. 은유적 표현들이 작품 전체를 주도하고 있는 경향으로 미루어 '남만'과 '번제'도 은유일 가능성이 높다. 무더운 여름 밤, 환락의 불빛에 타오르는 도시가 화자에게는 낯선 이방으로 다가왔을지도 모른다.

제2연의 제1행은 '찬 넋'에 대한 진술이다. 그러나 그 '찬 넋'의 가치를 화자는 '옥'이라는 보석을 끌어다 비유함으로 긍정적인 평가를 하고 있다. 어쩌면 시적 화자가 지닌 아직 오염되지 않은 청정한 정신을 이름이리라. 제2행에서는 홍역이 발진하는 거리가 제시된다. ('발반'이 '만발'로 표기된 이본異本들이 있으나 이는 작자의 의도라고 판단되지 않으므로 원본을 따라 이해키로 한다. 피부에 반점이 돋는 것을 '발반發斑'이라 한다.) 열병이 창궐하는 시가지— 이는 아마도 속된 욕망에 병들어 퇴폐해 가는 시중을 그렇게 상징한 것이리라. 그런데 찬 넋이 홍역의 거리에 쏠린다는 것은 무엇일까. 너무 차가워서 열병의 더운 거리에 나가 잠시 덥히겠다는 것인가. 아무튼 정신이 세속을 엿보고 있다. 예삿일이 아니다.

제3연 제1행은 거리의 정황에 대한 부연 설명이다. 화자는 말세를 향해 달려가는 흥청거리는 거리를 '노아의 홍수'로 은유하고 있다. 온 세상을 삼킬 것 같은 무서운 물결이다. 바야흐로 그 홍수에 잠기려는 위태로운 섬이 하나 있고, 그 섬 위에 한 개의 빛나는 별이 제시된다. 그 별이 화자가 성취하고자 하는 대상으로 보인다. 그래서 그 별을 향해 달려오라고 소리친다. 이것이 제4연의 내용이다.

'알몸동아리 향기'란 체취가 아닌가. 체취를 날리면서 바람 만난 봄바다의 돛대처럼 달려오라고 보챈다. 이렇게 생각하고 보니 제3연의 '별'은 어떤 '소망'이나 '목표' 같은 것을 표상하는 상징물이기보다는 어느 특정한 인물을 지칭한 은유로 보인다. 화자의 사랑이라고 해도 좋으리라.('봄바다'를 어떤 이본에서는 '봄마다'로 표기하고 있으나 이는 오식으로 판단된다.)

제5연은 삶의 환희를 무지개같이 황홀하다고 말하고 있다. 그러면서 덧붙이기를 비록 죄와 결탁한다고 해도 이 세상은 살 만하다고 한다. 제5연의 '황홀'과 '죄'는 제4연의 '알몸동아리'와 무관하지 않는 것으로 이해된다. '넋'이 '몸뚱이'를 만난 합환合歡의 환희다. 육사의 도덕적 자아는 이를 죄로 인식하면서도 허용한다. 아니 그것을 통해 화자는 세상살이를 긍정적으로 바라보게도 된다. 여기에 지사로서의 육사가 아닌 한 생명체로서의 인간적인 모습을 엿볼 수 있다.

이성과의 교합-합환合歡은 이 지상에서 생명체가 체험하는 것 중 가장 황홀한 즐거움이다. 신은 양성의 결합에서 새로운 생명체가 탄생하도록 설계하면서 그 '쾌락'을 결합의 매재(媒材:수단)로 제공한 것이다. 즐겁지 않다면 누가 서로 거추장스럽게 결합하여 씨를 만들려 하겠는가. 보통의 생명체들은 필요한 때만 교합하여 즐거움을 누린다. 그런데 교활한 인간은 그 즐거움을 누리기 위해 필요하지 않은 때도 교합한다. 수단인 '쾌락'을 목적으로 삼아 신의 의도와는 달리 성의 즐거움을 남용하며 살아가고 있다. 머지않아 인간들에게 신의 큰 벌이 내릴진저. 근자에 발병하기 시작한 에이즈라는 것이 어쩌면 그 형벌의 징조인지도 모른다.

　육사의 도덕적 자아는 유희적인 정사에 대해 죄의식을 지니고 있었으리라. 그러나 떨치기 힘든 성적인 욕구를 어떻게 할 수 있단 말인가. 아편의 중독자가 그 황홀경을 잊지 못하여 아편을 쉽게 떨쳐 버리지 못하듯이 인간들은 성의 환락에 사로잡힌 성중독자들이다. 아편은 다름 아닌 성의 상징이라고 할 수 있다. 「아편」은 관능적인 욕구를 고도의 은유와 상징을 통해 승화시킨 수작으로 평가할 만하다.

정지용의 「장수산 · 1, 2」

　1930년대 한국 시단의 대표적 시인으로 손꼽히는 정지용(鄭芝溶, 1902~?)은 겨우 두 권의 시집을 남겨놓고 있다. 『정지용시집』(시문학사, 1935)과 『백록담』(문장사, 1941)이다. 이 두 시집에 수록된 작품들의 특성을 중심으로 그의 시 경향을 살펴보면 대강 다음과 같다. 전기는 동적 소재인 '물'을 즐겨 다루었는데 후기는 정적 소재인 '산'을 즐겨 다루고 있다. 또한 이미지와 기교에 치중했던 전기와는 달리 후기에 오면 관념과 정신에 기운다. 그러한 경향이 외형적으로 드러난 것이 분행 자유시로부터 산문시에로의 이동이다. 전기는 서구 모더니즘의 영향권에 있었다면 후기는 동양적인 정관의 세계에 눈을 돌린 것 같다. 『백록담』에 수록된 작품은 총 33편이지만 산문으로 평가된 제5부의 8편을 제외하면 겨우 25편에 불과하다. 그 중 산문시가 10편을 차지하고 있으니 그가 후기에 산문시에 얼마나 경도되었던가를 짐작할 수 있다. 「장수산長壽山 · 1, 2」는 《문장》 제2호(1939. 3.)에 발표된 그의 후기 작품이다. 의고풍擬古風의 어투며, 유장한 템포가 여유로운 동양적 정조를 느끼게 한다.

벌목정정伐木丁丁 이랬거니 아람도리 큰솔이 베혀짐즉도 하이 골이 울어 맹아리 소리 찌르릉 돌아옴즉도 하이 다람쥐도 좇지 않고 멧새도 울지 않어 깊은산 고요가 차라리 뼈를 저리우는데 눈과 밤이 조히보담 희고녀! 달도 보름을 기달려 흰 뜻은 한밤 이골을 걸음이란다? 웃절 중이 여섯판에 여섯 번 지고 웃고 올라간 뒤 조찰히 늙은 사나히의 남긴 내음새를 줏는다? 시름은 바람도 일지 않는 고요에 심히 흔들리우노니 오오 견듸란다 차고 올연兀然히 슬픔도 꿈도 없이 장수산長壽山 속 겨울 한밤내—

　　　—「장수산·1」전문

　화자는 지금 겨울밤 깊은 장수산 속에 갇혀 있다. 산은 온통 흰 눈에 싸여 있는데 보름달이 온 산천을 환하게 비치고 있다. 설백雪白에 월백月白하니 밤은 종이보다 더 하얗고 깊은 산 적요가 뼈에 스미어 마음이 시리다. 그래서 화자는 그 적막을 깨뜨리는 사건(?)이라도 벌어졌으면 하고 생각한다. 시경詩經에 '벌목정정(伐木丁丁: 나무를 도끼로 찍을 때 울리는 소리)이라는 말이 있는데, 이 깊은 산골에 나무 찍는 소리라도 들렸으면 싶다. 큰 소나무 넘어지는 소리가 메아리 되어 이 골짜기를 울리면 내 마음의 고독이 좀 가실 것도 같다. 그러나 다람쥐 한 놈 움직이지 않고 멧새 한 마리 울지 않는 고요가 지속될 뿐이다.

　그래서 화자는 밖으로 나가 달밤을 걷는다. 그러면서 생각기를 달도 보름 동안 점점 차올라 드디어 저렇게 만월이 된 것은 오늘밤 나로 하여금 이 골짜기를 걷게 하려 그랬던 것인가? 하고 생각한다. 이윽고 화자는 다시 방안으로 돌아와 한 사나이가 남기고 간 체취를 맡는다. 조금 전에 자신과 함께 바둑(?)을 두었던 웃절의 늙은 중이다. 여섯 판을 다 지고도 웃고 올라간, 승부에는 아예 초탈한 그 노승이 화자의 마음을 놓지 않고 있다. 만월이 보름을 걸려 차오르듯 노승이 초탈의 경지에 이르기까지는 평생의 수련이 필요했으리라. 천상의 달과 지상의 노승이 상대적으로 화자를 이끄는 매체로 설정된 것이 조화롭다. 이 두 대상은 화자가 지향하고자 하는 원숙의 경지를 암시하는 상징물이라고 할 수 있다.

끝은 화자의 내면세계에 대한 진술이다. 주위의 고요가 오히려 자신의 번뇌를 일깨운다. 그러나 화자는 꿋꿋이 그리고 담담히 그 번뇌를 응시하며 이겨내려는 의지를 보이고 있다.

풀도 떨지 않는 돌산이오 돌도 한덩이로 열두골을 고비고비 돌았세라 찬 하늘이 골마다 따로 씨우었고 어름이 굳이 얼어 드딤돌이 미듬직 하이 꿩이 긔고 곰이 밟은 자옥에 나의 발도 노히노니 물소리 귀또리처럼 즉즉喞喞하놋다 피락마락하는 햇살에 눈우에 눈이 가리어 앉다 흰시울 알에 흰시울이 눌리워 숨쉬는다 온산중 내려앉는 휙진 시울들이 다치지 안히! 나도 내더져 앉다 일즉이 진달래 꽃그림자에 붉었던 절벽絶壁 보이한 자리 우에!

—「장수산·2」 전문

「장수산·1」과는 달리 「장수산·2」는 낮이 배경이 된다. 작품(1)에서의 불안과 시름 대신에 작품(2)에서는 평안과 자족의 정조가 작품을 지배하고 있다. 작품은 장수산의 묘사로 시작된다. 풀 한 포기 볼 수 없는 석산인데 열두 골 산 전체가 한 덩이 큰 돌로 이루어졌다. 골짜기의 구비를 돌 때마다 새로운 하늘이 펼쳐지고 개울은 얼음이 굳게 얼어 발디딤돌이 믿음직하다. 꿩과 곰의 발자국 위에 내 발자국도 놓으며 얼음장 밑으로 귀뚜라미 울음처럼 흐르는 물소리에도 귀를 기울인다.

피어났다 사라졌다 하는 햇살을 받으며 쌓인 눈 위에 다시 눈이 내린다. 추녀처럼 돋아나온 벼랑의 돌기들 위에 흰 눈이 층층이 쌓여 있는데 마치 살아있는 것도 같다. 그것이 온 산중에 겹겹이 돋아났는데 서로 다치지 않는 것이 신기하기도 하다. 나도 내 몸뚱이 내던져 지난봄 진달래꽃그림자 붉었던 절벽 밑 뽀얀 자리에 앉는다.

 화자는 짐승들의 발자국에 자신의 발을 놓으며 자연과의 동행에 접근한다. 그는 이미 문명인이 아니라 자연의 한 부분이 된다. 그리고 맨 마지막에 이르러 드디어 그는 자신의 몸을 자연에 던지면서 자연과의 합일을 성취한다. 여기에는 어떠한 갈등도 번뇌도 없다.

 작품 (1)에서 화자는 밤을 통한 내적 수련을 겪은 다음, 작품 (2)에서 자연합일로 탈속에 이르고 있다. 그 과정이 극적 구조로 양분되어 있는 재미있는 연작이다. 정지용은 이러한 산문시들을 끝으로 거의 시작詩作을 멈추게 된다. 왜 그랬을까. 잘 풀리지 않는 수수께끼다.

김현승의 「절대고독」

김현승(金顯承, 1913~1975) 시인을 두고 흔히 '고독의 시인'이라고 일컫는다. 그의 생전에 간행된 5권의 시집 (『金顯承詩抄』(57)『擁護者의 노래』(63)『堅固한 孤獨』(68)『絶對孤獨』(70)『김현승시전집』(74)) 가운데 '고독'의 이름을 달고 있는 것이 2권이나 되는 것만 보아도 그가 얼마나 고독과 친근하게 살았던가를 짐작할 수 있다. 그는 목사를 아버지로 둔 기독교 집안에서 태어나 기독교 교육을 받고(평양의 숭실전문학교 수학) 또한 기독교 학교(광주 숭실중학 및 숭전대학)에서 봉직하였다. 독실한 크리스천이었지만 그의 내면 깊숙한 곳에 드리워진 존재의 외로움을 떨쳐버릴 수는 없었던 것 같다. 그는 신에게 순종하면서도 때로는 회의에 젖어 외로움의 노래를 자주 읊조렸다.

1) 나는 이제야 내가 생각하던
　영원의 먼 끝을 만지게 되었다.

2) 그 끝에서 나는 눈을 비비고
　비로소 나의 오랜 잠을 깬다.

3) 내가 만지는 손끝에서
　영원의 별들은 흩어져 빛을 잃지만,
　내가 만지는 손끝에서
　나는 내게로 오히려 더 가까이 다가오는
　따뜻한 체온을 새로이 느낀다.
　이 체온으로 나는 내게서 끝나는
　나의 영원을 외로이 내 가슴에 품어 준다.

4) 그리고 꿈으로 고이 안을 받친
　내 언어의 날개들을
　내 손끝에서 이제는 티끌처럼 날려 보내고 만다.

5) 나는 내게서 끝나는
　아름다운 영원을
　내 주름잡힌 손으로 어루만지며 어루만지며
　더 나아갈 수도 없는 나의 손끝에서
　드디어 입을 다문다――나의 시와 함께.
　　　―「절대고독」 전문

　인간은 고독을 자각할 줄 아는 존재다. 우리들의 곁에 체온을 함께 나눌 수 있는 가족이 없을 때 우리는 고독을 느낀다. 나를 사랑해 주는 연인이나 나를 감싸줄 친구를 잃었을 때 우리는 고독을 맛본다. 세상이 나를 알아주지 않을 때, 혹은 내가 선택한 길이 다른 사람들이 가는 길과는 다를 때 또한 우리는 고독을 체험하기도 한다. 이러한 유의 고독들은 일상 속에서 자주 만나는 보편적인 고독이라고 할 수 있다. 이 작품의 제재가 되고 있는 고독은 그런 일상적 고독과는 성질이 다르다. 그래서 그 고독의 이름을 '절대고독'이라고 붙였으리라. 그 고독은 이 지상의 어떠한 고독들과도 비교되지 않는 절대 유일한 고독이다. 그 절대 유일의 고독은 어떤 것인가.

　모든 삶의 의미는 죽음 때문에 드러난다. 생명은 유한하기 때문에 우리들의 삶은 그만큼 더 소중하게 부각된다. 만일 영원한 생명이 있다면 그것처럼 큰 형벌은 없으리라. 그렇기는 해도 역시 '죽음'을 생각하면 허전한 마음을 떨쳐버릴 수 없다. 한평생 쌓아올린, 세계에 대한 인식의 내용들이 한순간에 사라져버리는 것은 아쉽기 짝이 없는 노릇이다. 오감이 다 닫힌 채 광막한 어둠 속으로 우리의 육신이 무너져 내리는 정황을 상상하면 소름이 돋는 외로움을 느끼지 않을 수 없다. 종교는 죽음이 몰고 오는 그런 허전하고 아쉽고 외로운 마음을 달래기 위해 만들어진 진정제다. 그러나 그 진정제도 우리를 충분히 위로하고 감싸주지는 못한다.

　김현승의 '절대고독'은 바로 그 죽음 앞에서 느끼는 유한자 인간의 외로움이다. 제1연의 '영원의 먼 끝'은 곧 개인의 생명이 끝나는 지점 '죽음'이다. 생명체에게 있어서 영원은 없다. 그래서 그 '유한'을 '영원의 끝'이라고 표현했으리라. 제1연에서 화자는 죽음의 인식에 이른다. 그리하여 제2연에서 화자는 영생이라는 그 동안의 미망迷妄의 꿈으로부터 벗어난다.
　제3연의 '영원의 별들'은 세계 곧 객체(사물)를 미화한 은유인데 이들 역시 나의 종말과 함께 나에게는 무의미한 존재들이니까 '빛을 잃는다'고 했으리라. 그러나 화자는 생명의 유한을 인식하면서 오히려 자신의 육신에 대한 애착을 새로이 느끼게 된다.
　제4연은 자신의 작품 활동에 대한 허무감을 피력하고 있다. '꿈으로 고이 안을 받친 내 언어의 날개들'이란 기대와 동경으로 가슴 설레며 아름다운 상상의 날개를 펼쳐 엮어 냈던 작품들이다. 그런데 화자는 자신의 부재(손끝, 죽음)와 함께 이제 이들 작품의 가치를 인정하려 하지 않는다.

　제5연 '내게서 끝나는 아름다운 영원'은 내 생명과 함께 종말을 고하는 아름다운 내 생애라고 해도 좋으리라. 유한한 자신의 인생에 화자는 끝없는 연민의 정을 느끼며(주름잡힌 손으로 어루만짐) 또한 언어의 한계성에 절망한다. 시로도 위로 받을 수 없는 절대고독의 외로움 속에 사로잡히고 만다. 실로 비장한 정황이 아닐 수 없다.

　어떤 철학자는 죽음이 우리에게 주는 두려움의 이유를 몇 가지로 나열한 바 있다. 즉 ①죽음의 세계는 전혀 알려져 있지 않다. ②죽음이 찾아오는 때를 알 수 없다. ③자신의 죽음의 몫을 남에게 전가시킬 수 없다. ④지금까지 죽음에 예외자는 없다. 언제 어느 곳에 문득 사신死神이 나타나서 그 미지의 광활한 어둠 속으로 나 혼자만을 외롭게 끌고 갈는지 예측할 수 없으니 이 얼마나 두려운 일인가. 그래서 예로부터 현인들은 죽음의 두려움을 극복하는 문제를 생의 중요한 과제로 삼았다. 더러 고승들 가운데는 자신의 죽음을 스스로 다스리는 경우도 있다고는 하지만 실로 지난한 문제가 아닐 수 없다. 거기는 온 우주를 아깝지 않게 내동댕이칠 수 있는 초탈이 요구되기 때문이다.

이상李箱의 「오감도烏瞰圖 －시 제1호」

　한국의 문인 가운데서 이상만큼 문학연구가들의 주목의 대상이 된 시인도 많지 않다. 이는 이상 작품이 지닌 반전통적 문학성 때문으로 보인다. 1930년대에 활동한 시인이지만 그의 작품은 오늘의 어떤 해체시인들의 작품보다도 낯설고 또한 개성적이다. 그동안 이상의 작품은 다다이즘, 초현실주의, 심리주의 등 다양한 각도에서 논의되어 왔다. 그러나 이상의 작품은 다다처럼 맹목적이고 즉흥적인 희화성戱畫性이나 초현실주의 기법에서 보인 무작위의 초논리성과는 거리가 멀다. 또한 정신병리학적 입장에서 설명하려는 태도에도 별로 수긍이 가지 않는다. 그의 작품은 치밀한 논리적 구조를 지닌 이성의 산물이다. 건축가가 설계도를 가지고 집을 짓듯이 그는 의도적으로 낯선 시의 설계도를 미리 만들어 놓고 시의 구조물을 엮었던 것으로 보인다. 그의 작업이 얼마나 의도적인 것인지 「오감도 －시 제1호」를 읽어보고 얘기를 전개해 가도록 하자.(시의 각 행 앞의 기호는 필자가 붙인 것임)

　　ⓐ 十三人의兒孩가道路로疾走하오.
　　ⓑ (길은막다른골목이適當하오)

ⓒ 第一의兒孩가무섭다고그리오.
ⓓ 第二의兒孩도무섭다고그리오.
　(ⓔⓕⓖⓗⓘⓙⓚ행 생략)
ⓛ 第十의兒孩도무섭다고그리오.

ⓜ 第十一의兒孩가무섭다고그리오.
ⓝ 第十二의兒孩도무섭다고그리오.
ⓞ 第十三의兒孩도무섭다고그리오.
ⓟ 十三人의兒孩는무서운兒孩와무서워하는兒孩와그렇게뿐이모였소.
ⓠ (다른事情은없는것이차라리나았소)

ⓡ 그中에一人의兒孩가무서운兒孩라도좋소.
ⓢ 그中에二人의兒孩가무서운兒孩라도좋소.
ⓣ 그中에二人의兒孩가무서워하는兒孩라도좋소.
ⓤ 그中에一人의兒孩가무서워하는兒孩라도좋소.

ⓥ (길은뚫린골목이라도適當하오)
ⓦ 十三人의兒孩가道路로疾走하지아니하여도좋소.

연작 「오감도」는 1934년 《조선중앙일보》(7. 24.~8. 8.)에 연재되다가 독자들의 항의로 중단된 문제작이다. 요즈음 읽어도 낯설기 그지없는 이 작품이 당시 독자들에게 어떠한 충격으로 다가갔을지 짐작이 간다. 이 작품은 반복성과 대칭성의 두 가지 외형적 특징을 지니고 있다.

반복성이 두드러진 부분은 ⓒ와 ⓞ 사이의 무려 13행이다. '아해兒孩가 무섭다고 그리오'라는 거의 비슷한 내용을 13번이나 반복해서 나열하고 있다. 시는 압축과 간결을 지향하는 경제적인 문학 장르라는 것을 이상이 몰랐을 리가 없는데 그렇게 반복한 이유가 무엇일까. '13인의 아해가 각각 무섭다고 그리오'하면 다 표현될 수 있는 내용을 그렇게 번거롭게 열거한 것은 그만한 이유가 없지 않으리라.

 시는 종이라는 평면에 활자(글자)라는 매체로 표현된 비입체적·비시간적 예술양식이다. 말하자면 조각처럼 입체적 공간을 점유한 것도 아니고 음악처럼 시간의 경과에 따라 표현된 양식이라고 할 수도 없다. 그런데 ⓒ행에서 ⓞ행에 이르기까지의 진술처럼 13의 개체들을 개별적으로 제시하면 각 개체들의 시간적·공간적 변별성이 드러난다. 말하자면 '13인의 아해가 각각 무섭다고 그리오'라는 진술로는 개체들의 시간적·공간적 차별성이 드러나지 않는다. 시에서 진술된 정황을 우리의 머릿속에 영상화하여 그려보면 쉽게 이해가 될 것이다. 이 시에서의 반복의 기법은 시라는 단순한 문자예술을 시·공간 예술로 확대하려는 시도라고 설명할 수 있다.

 다음 대칭성이 또한 문제가 된다. 우선 ⓐⓑ : ⓥⓦ가 대칭을 이루고 있다. ⓐ : ⓦ가 '질주' : '무질주', ⓑ : ⓥ가 '막다른 골목' : '뚫린 골목'이라는 상반된 정황의 대칭이며, 또한 ⓐ : ⓑ는 '질주' : '막다른 골목', ⓥ : ⓦ는 '무질주' : '뚫린 골목'이라는 역설적 의미 구조를 지닌 모순대칭을 이루고 있다. 이러한 상반성과 모순성을 내포한 대칭구조는 어떠한 의도를 지닌 것인가. 여기에서는 언어의 논리성이나 의미의 효율성이 의도적으로 거부되고 있다. 말하자면 의미의 와해현상이 야기된다. 질주와 무질주, 뚫림과 막힘, 질주와 막힘, 무질주와 뚫림이 결합되면서 의미의 희석 곧 무의미(탈의미)의 세계를 지향한다. 이러한 의미의 와해를 지향하는 대칭구조는 ⓡⓢⓣⓤ의 네 행 사이에서도 시도된다. '1인' : '2인', '무서운 아해' : '무서워하는 아해' 역시 부정不定과 허용의 의미를 담은 역설적 구조다. 이것도 좋고 저것도 좋다는 것은 결국 아무것도 지시(의미)하지 않는 공백의 상태를 지향한다. 비구상화가 일상적 의미로부터 완전히 자유로운 무의미의 세계를 창조하듯이 시도 언어의 의미를 벗어남으로 일상과 동떨어진 순수의 세계를 만들어 보고자 하는 의도라고 할 수 있다.

이상시의 탈의미 작전은 또한 단어와 문장의 파괴를 통해서도 행해진다. '오감도烏瞰圖'는 '조감도鳥瞰圖'의 파괴에 지나지 않는다. '조'를 '오'로 바꿈으로 의미의 와해를 기도한 것이다. ⓟ행의 끝 부분에 '그렇게뿐이모였소'에서 '뿐'은 '단독單獨'의 의미를 지니고 있는 조사다. 그런데 여기서는 복수의 개념을 지닌 말과 폭력적으로 결합시켜 사용함으로 의도적인 비문非文을 만들고 있다.

「오감도」시제1호는 탈의미, 시에서의 의미를 의도적으로 거부하는 작품이라고 할 수 있다. 따라서 이 시에 상징적인 의미를 부여하여 해석하려는 것은 그야말로 난센스에 지나지 않는다. 그동안 '오감도' '13인' '아해' 등을 놓고 그 상징성에 관한 연구들이 다양하게 전개되었지만 이는 작자의 의도와는 사뭇 동떨어진 도로에 지나지 않는 행위로 보인다. '오감도'를 '작감도雀瞰圖'로, '13인'을 '17인'으로, '아해'를 '말[馬]'로, '무섭다고그리오'를 '달린다'로 바꾸어도 이 시를 통해 표현하고자 하는 작자의 의도에는 크게 어긋나지 않을 것이다.

말하자면 이상은 이 작품을 통해 비구상미술이 지닌 순수성과 영상예술이 지닌 시·공간성을 담아보고자 시도한 것이다. 「오감도」 연작들의 시제詩題를 「시제1호」「시제2호」 등 일련번호를 달아서 호칭한 것도 비구상화의 화제畵題를 연상케 한다. 그는 시인이기에 앞서 도안가圖案家였으며 선전鮮展에 입상의 경력을 지닌 화가이기도 했다. 그러니 그의 시를 회화예술과 연관을 지어 논하려는 견해는 충분히 설득력을 지닌다.

조지훈의 「산방山房」

닫힌 사립에
꽃잎이 떨리노니

구름에 싸인 집이
물소리도 스미노라.

단비 맞고 난초 잎은
새삼 치운데

볕바른 미닫이를
꿀벌이 스쳐간다.

바위는 제 자리에
옴찍 않노니

푸른 이끼 입음이
자랑스러라.

아스럼 흔들리는
소소리바람

고사리 새순이
도르르 말린다.
　　―「산방」전문

　조지훈(趙芝薰, 1920~1968) 시의 명편들은 그의 첫 개인 시집『풀잎 단장斷章』(1952)에 거의 다 수록되어 있다. 더욱 범위를 좁히면『청록집』(1946)에 실린 12편의 작품으로 압축될 수 있다. 그러니 조지훈 시의 정수는 그가《문장》지에 추천을 받던 초창기에 이미 다 드러났다고 해도 좋을 것 같다. 그렇게 된 이유는「승무」를 쓸 때와 같은 각고의 노력을 그 뒤의 작품들에서는 쏟지 못했던 때문이 아닌가 생각된다. 조지훈 하면 떠오르는 대표작은「승무」「봉황수」「고풍의상」등인데 이들은 다 그의 데뷔작들이다. 한 시인의 데뷔작이 대표작이 되지 말라는 법은 없겠지만 어찌 생각하면 이러한 현상은 불행한 일이 아닐 수 없다.
　「산방」역시『청록집』에 수록된 초창기의 작품이다. 화자는 드러나 있지 않고 고즈넉한 산사의 정경만 깔끔하게 그려내고 있다. 전8연으로 되어 있으나 2연씩 묶으면 기승전결의 네 마디로 나누어진다. 제1경은 사립과 집, 제2경은 난초와 꿀벌, 제3경은 바위와 이끼, 제4경은 바람과 고사리로 집안 뜰의 몇 정황들을 묘사하고 있다.
　'닫힌 사립'과 '구름에 싸인' 것으로 보아 찾아오는 사람 하나 없는 깊고도 높은 산골짝에 자리한 집이다. 그러니 속세와 절한 고고한 자연 속에 묻혀 있는 산사가 연상된다. 꽃은 사립문 곁 울타리에 자라난 야생화일까. 골짜기에서 조용히 들려오는 청렬한 물소리 때문인지 흔들리고 있다.

뜰아래 옮겨 심어 놓은 춘란의 푸른 잎새가 모처럼 내린 단비에 촉촉이 젖어 청한하게 느껴진다. 아마 아직 이른 봄인가 보다. 따스한 봄볕이 스며드는 미닫이창문을 어디서 왔는지 부지런한 꿀벌 한 마리가 스치며 날아간다.

제법 큰 바위가 마당 한 귀퉁이에 자리하고 있다. 고색창연히 돋아난 푸른 이끼가 비에 젖어 더욱 싱그럽다. 수만 년 풍설에도 꿈쩍 않고 한 자리에 의연히 버티고 앉아 있는 그 모습이 부럽다. '자랑스러라'는 화자가 바위의 입장에서 피력하는 것인데 이는 화자의 바위에 대한 선망의 표현이기도 하다.

'아스럼'은 '아스라히'의 뜻이리라. 어느 아득히 높고도 먼 곳까지 흔들리게 하는 바람이 문득 일어난다. 그런데 그 바람은 살 속을 파고드는 듯한 차가운 소소리바람이다. 그러자 새로 돋아난 고사리 연한 순이 추운 듯 몸을 움츠려 도르르 말린다. '아스럼 흔들리는'은 객관적 정황을 그리고 있는 것 같지만 사실은 화자의 주관적 감각을 객관화하고 있는 것이라 할 수 있다. 즉 바람에 흔들리는 것은 사물이 아니라 주체다. 이러한 기법은 제3연의 '난초 잎'을 통해 추위를 드러내는 데서도 엿볼 수 있다.

가급적 화자의 감정을 억제하고 감각적으로 사물을 드러내 보인 것이 정지용의 「춘설春雪」을 떠올리게도 한다. 아마 영향을 받았으리라. 그러나 지용의 작품에서와는 달리 이 작품은 그윽한 선미禪味를 느끼게 한다. 이 작품의 배경은 우선 속세와 격리된(구름에 싸인) 자연이다. 그러니 겉으로 드러나 있지 않은 이 작품의 화자는 은자隱者로 보아도 무방하다. 제3연의 '난초'와 제5연의 '바위'는 그 은자의 기품을 상징하는 대표적인 상관물이다. 그는 확고부동한 의지(바위)를 지닌 지사이며, 언젠가 세상을 맑은 향기(난초)로 정화시킬 선비이리라. 더 나아가서 그는 근면하고(꿀벌), 예스런 멋(이끼)을 지니고 있으며, 또한 순결하게

(고사리 새순)도 느껴진다.

 시인은 사물로 이야기한다. 아니, 말하지 않고 보인다. 예를 들면 '난초처럼 맑게 살아야 한다'라고 말하는 대신 '난초'을 제시해 보인다. 작자의 생각과 감정이 배제된 것처럼 보이는 즉물시나 서경시류의 작품에서도 시인은 사물을 통해 간접적으로 그의 생각과 감정을 말한다. 시인은 사물의 선택에서부터 이미 발언을 시작하고 있는 셈이다. 예로부터 시화詩畵를 달리 보고자 아니함은 이러한 생각에 바탕을 둔 때문이리라. 화선지에 심은 한 그루의 난초로 문인들은 얼마나 많은 이야기를 담고 있는가. 그러한 것처럼 짧은 한 편의 시 속에 시인들 역시 무궁한 정취를 실어 세상에 내놓는다. 그러나 그 글의 향기는 아무에게나 가 닿지 않는다. 열린 가슴을 가진 맑은 이들만이 누릴 수 있는 청복이기 때문이다.

김소월의 「만리성萬里城」

밤마다 밤마다
온하로밤!
싸핫다 허럿다
긴만리성萬里城!
      —「만리성萬里城」전문

「만리성」은 김소월(1902~1934)의 시 가운데 가장 짧은 작품이다. 4행이지만 전 6음보 총 20음절에 불과한 단시다. 작품의 길이는 짧지만 그 속에 서려 있을 화자의 심리적 갈등의 폭을 펼쳐 보인다면 아마도 '만리'를 능가할 지도 모른다.

  이 작품이 처음 발표된 것은 1925년 1월 1일《동아일보》신년호 지상이다.「천리만리千里萬里」「남의나라쌍」 등 6편이 동시에 발표되고 있다. 12월에는 그의 처녀시집『진달래꽃』이 상재되기도 했으니 1925년은 그에게 중요한 시기라고 할 수 있다. 소월의 작품 발표 시기는 1920년으로부터 1926년으로 압축되는데「만리성」이 발표된 1925년 초는 그의 작품 활동의 후기에 속한다.(그가 시창작에 몰두했던 시기는

1922~24, 약 3년간으로 추정된다.) 그는 1926년 이후 거의 절필을 하고 시에서 멀어졌다. 그렇게 된 중요한 요인은 무엇일까. 그가 시를 버린 것은 시보다도 더 소중하다고 판단되는 다른 어떤 것이 있었기 때문이었으리라. 그것이 무엇이었을까. 이 작품은 우리에게 그것을 넌지시 암시해 주고도 있다.

「만리성」은 장차 그의 삶의 진로를 바꾸게 한 정신적 고뇌를 담고 있는 작품으로 보인다.

 화자는 거의 매일 밤을 뜬눈으로 지샌다. 전전반측 이 궁리 저 궁리하면서 괴로워하는 모습이 눈에 선하게 떠오른다. 무엇이 그로 하여금 그처럼 불면케 했던가. 고뇌의 요인이 될 몇 가지 가족사적 사건들을 들추어보도록 하자.

 1904년(2세) 그의 부친 공주 김씨 성도性燾는 일인日人 노동자들에게 폭행을 당해 정신 이상자가 된다. 그는 평생 회복되지 못한 채 불행한 삶을 산다.

 1916년(14세) 오산학교 재학시 조부의 강요에 의해 남양 홍씨 단실과 결혼한다.

 1923년(21세) 배재고보를 졸업한 소월은 동경 상대에 입학했으나 관동대지진으로 귀국한다.

 1924년(22세) 조부를 도와 정주군定州郡 남단동南端洞 향리에서 지내다, 이윽고 처가가 있는 구성군龜城郡 평지동坪地洞으로 분가해 나간다. 아마 조손간의 갈등과 고부간의 불화 때문으로 추측된다. 이때 이미 그는 2녀 1남을 거느린 가장이었다.(그는 장차 2녀 3남을 두게 된다.)

 이러한 환경에서 빚어진 문제점들이 그를 괴롭혔을 것이다. 유교적 가치관을 벗어나지 못한 완고했던 조부와의 갈등, 정신장애자인 아버지에 대한 연민과 부담, 무식한 어머니와 아내 사이의 고부간의 불화, 3

남매의 가장 그리고 공주 김씨 종손으로서의 책임감, 소극적이고 내성적인 자신의 성격에 대한 자책, 어려운 경제 사정으로부터 오는 불안감, 문학 행위에 대한 회의, 유린당한 망국민으로서의 수치심 등 얼마나 많은 번뇌들에 사로잡혔을 것인가.

그는 이러한 고뇌의 요인들로부터 벗어날 수 있는 길이 무엇일까 혼자서 전전긍긍 모색했을 것이다. 그가 그동안 매달렸던 시의 길도 그의 이러한 문제들을 해결할 수 있는 적절한 방책이 못된다고 판단했으리라.

그래서 그가 선택한 것은 '생활'이었던 것 같다. 시보다는 돈의 필요성을 절실히 느꼈던 것으로 보인다. 그의 스승 김억은 소월을 추모하는 글에서 그를 이지적인 사람으로 다음과 같이 평하고 있다.

> 소월이는 순정(殉情)의 사람은 아니외다. 어디까지든지 이지(理智)가 감정(感情)보다 승한 총명한 사람이외다. 그리고 소위 심독(心毒)한 사람의 하나였습니다. 그러니 자연히 사물에 대하여 이해의 주판질을 잊어버릴 수가 없었던 것이외다. 다른 사정도 없는 바는 아니었거니와 이 시인이 시작을 중지하고 달리 생활의 길을 찾던 것도 그 실은 시로서는 생활을 할 수가 없다는 이지에서외다. 동경 가서 문과에 들지 않고 상과(商科)를 택한 것도 또한 그것의 하나외다. 그리고 아무리 감정이 쏠린다 하드래도 이지에 비치어보아서 아니다는 판단을 얻을 때에는 이 시인은 언제든지 고개를 흔들며 단념하던 것이외다. 강직(剛直)하였습니다.
>
> ─ 김억 「요절한 박행 시인 김소월의 추억」 부분

그가 매일 밤 잠 못 들며 궁리했던 것들은 무엇이었을까. 그의 조부처럼 일확천금의 노다지를 찾는 광산의 꿈을 꾸었을까. 수많은 소작인들을 거느리는 지주地主의 꿈을 꾸었던 것일까. 아니면 배를 몰고 해외를

드나드는 거상巨商의 꿈을 꾸기라도 했을까. 그러나 그런 꿈들은 그야말로 부질없는 허황된 몽상에 불과한 것이 아닌가. 그는 매일 밤 만리성을 쌓듯 끝없는 궁리를 하면서 생활의 방도를 모색했으리라. 그리고 1926년 드디어 그는 전 재산을 쏟아 하나의 사업을 선택한다. 그것은 구성군 남시南市로 나와 동아일보 지국을 경영하는 일이었다.

  유년의 여유로운 환경 속에서 사랑만 받고 자랐던 내성적인 소월에게 사업적인 기질을 기대할 수는 없었다. 신문구독자도 많지 않았던 당시의 어려운 여건에서 순박한 한 시인이 지방의 신문사 지국을 운영한다는 것이 쉬울 리가 없었다. 그는 몇 년 지탱하지 못하고 손을 털고 일어선다. 그리고 식솔의 생계를 잇기 위해서 드디어는 고리대금업에 손을 대야만 하는 참담함에 이른다. 그의 생활에 대한 실패는 그로 하여금 술을 마시게 했고 1934년 마침내 그를 죽음으로까지 몰고 간다.

  「만리성」은 소월의 이러한 비극적인 생애의 전조前兆를 엿보게 하는 작품이다. 그가 밤마다 쌓았다 헐었다 했던 그 '만리성'은 정신적인 고고한 성이 아니었다. 불후의 거작에 대한 방대한 구상이나 자연의 오묘한 섭리에 대한 심원한 사색이라기보다는, 사업 곧 어떻게 하면 생계를 유지할 수 있을 것인가 하는 궁리였던 것으로 보인다. 새삼 그의 인간다운 고뇌에 연민의 정을 금할 수 없게 하는 작품이다. 겨우 6음보의 짧은 가락 속에 설부진說不盡의 무궁한 궁리와 고뇌를 담아 표현하고 있는 가작이다.

유치환의 「절명지絶命地」

    고향도 사랑도 회의懷疑도 버리고
    여기에 굳이 입명立命하려는 길에
    광야曠野는 음우陰雨에 바다처럼 황막荒漠히 거칠어
    타고 가는 망아지를 소주小舟인 양 추녀 끝에 매어두고
    낯설은 호인胡人의 객잔客棧에 홀로 들어 앉으면
    오열嗚咽인 양 회한悔恨이여 넋을 쪼아 시험하라
    내 여기에 소리없이 죽기로
    나의 인생人生은 다시도 기억記憶치 않으리니
       ―「절명지」 전문

  이 작품은 유치환(柳致環, 1908~1967)의 제2시집 『생명의 서』(행문사, 1947)에 수록되어 있다. 『생명의 서』에 수록된 작품들은 대부분 작자가 만주라는 낯선 이국에서 체험한 것들의 기록이다. 청년기의 청마靑馬의 삶은 별로 평탄하지 못했던 것 같다. 평양에서 사진관을 경영해 보기도 하고, 부산에서 잠시 백화점에 근무하기도 했다. 그리고 고향 통영에서 상업학교 교사를 지내다가 그것도 여의치 않았든지 1940년 봄

가솔들을 이끌고 만주 연수현煙首縣으로 떠난다. 그는 농장 관리인 등의 일을 하면서 1945년 광복 직전까지 광야의 체험을 계속한다. 소위 청마 시의 특징으로 지적되고 있는 '허무와 의지'의 작품들이 주로 여기에서 생산된다.

 당시 고향을 등지고 황량한 만주 벌판으로 유민의 길을 떠나간 백성들이 많았다. 일제에 농토를 빼앗긴 가난한 농민들이 대부분이었다. 얼마나 생활이 곤궁했으면 삼십대 초반의 청마도 이들 틈에 끼었겠는가. 만주 땅을 밟는 그의 각오가 어떠했겠는가 짐작이 간다. 그 땅에서 죽고야 말겠다는 비장한 결의를 '절명지'라는 제목에서 읽을 수 있다.
 그는 지금 정든 고향도 그리운 사람들도 그리고 젊은 날의 사치스런 사색[懷疑]도 다 팽개치고 낯선 이국의 벌판에 와 있다. 천명으로 생각하고[立命] 새로운 둥지를 틀려고 찾아갔던 그 땅은 처음부터 그를 순탄히 맞지 않았다. 마치 자신의 힘겨운 앞날을 예고라도 하듯 음침한 비는 연일 계속 내려 광막한 벌판이 바다처럼 젖어 있다. 화자는 배를 매듯 타고 온 작은 망아지를 여인숙[客棧]의 처마 밑에 묶어 두고 홀로 방에 든다. 그러자 회한悔恨이 물밀 듯 밀려와 흐느낌[嗚咽]을 억제할 수 없다. 회한―무엇에 대한 뉘우침과 한탄이었을까. 만주 땅에 잘못 왔다는 후회였을까. 아니면 잘못 살았던 젊은 날에 대한 참회였을까. 민족적인 통한이었을까. 어쩌면 그 모든 것들이 회오리처럼 함께 밀려왔을지도 모른다. 그리고 그것들은 지금 화자의 능력으로써는 어찌할 수 없는, 돌이켜 고칠 수도 없는 과거지사― 그러니 화자는 피나는 울음으로 자책할 수밖엔 없다.

    오열嗚咽인 양 회한悔恨이여 넋을 쪼아 시험하라

그러나 '오열인 양'으로 보면, 실제로 목메어 우는 것이기보다는 그 울음을 참고 견디는 것 같다. 울음조차 제대로 울지 못하고 안으로만 삭이는 처연한 정경이다. 그 괴로움은 육신의 아픔을 넘어 영혼(넋)에까지 이른다. 그래서 화자는 운명에게 넋마저 찢을 대로 찢어 자신의 의지를 시험해 보라고 부르짖는다. 극단적인 자학의 역설적 독백이다. 그리고 화자는 다음과 같은 각오를 보인다.

    내 여기에 소리없이 죽기로
    나의 인생人生은 다시도 기억記憶치 않으리니

내가 비록 이곳에서 아무도 몰래 죽는다 하더라도, 후회막급한 내 인생에 관해 다시 돌이키고 싶지 않다. 아니, 돌이키지 않겠다. 이 얼마나 무섭고 비장한 결의인가. 생명을 내걸고 운명과 꿋꿋이 대결하는 불굴의 의지 앞에 숙연해지지 않을 수 없다.
  그러나 그의 이처럼 강인한 의지도 광야와 맞서기는 힘들었던 모양이다. 그는 다음과 같은 절박한 노래를 부른다.

    내 열 번 패망敗亡의 인생人生을 버려도 좋으련만
    아아 이 회오悔悟의 앓임을 어디메 호읍號泣할 곳 없어
    말없이 자리를 일어나와 문을 열고 서면
    나의 탈주脫走할 사념思念의 하늘도 보이지 않고
    정거장停車場도 이백 리 밖
    암담한 진창에 갇힌 철벽鐵壁 같은 절망絶望의 광야曠野!
      ―「광야에 와서」부분

많은 실패로 점철된 내 인생 포기해 버려도 무방하련만 차마 그럴 수는 없다. 회오의 고통에 못 이겨 어디 목 놓아 울 곳도 찾을 수 없다. 밖으로 튀쳐 나오지만 그 괴로움을 벗어날 수 있는 사념의 세계도 보이지 않는다. 현실적으로도 외부와 멀리 격리되어 있는 이 광야에서 화자는 철벽 속에 갇힌 것 같은 절망감을 느끼고 있다. 이 작품은 「절명지」의 연작이라고 해도 무방할 동일한 시상을 다루고 있는 작품이다.

　청마 시의 맛은 역설에 있다. 의지의 산물인 역설을 청마는 그의 비극적 세계관을 극복하는 방편으로 삼는다. 이러한 구조는 청마 시의 남성성을 형성하는 하나의 요인이 되기도 한다.

이용악의 「다리 우에서」

바람이 거센 밤이면
몇 번이고 꺼지는 네모난 장명등을
궤짝 밟고 서서 몇 번이고 새로 밝힐 때
누나는
별 많은 밤이 되어 무섭다고 했다

국숫집 찾아가는 다리 우에서
문득 그리워지는
누나도 나도 어려선 국숫집 아히

단오도 설도 아닌 풀버레 우는 가을철
단 하루
아버지의 제사날만 일을 쉬고
어른처럼 곡을 했다
　　　―「다리 우에서」 전문

이용악(李庸岳, 1914~?)은 함경북도 경성에서 태어나 서울에서 고등

보통학교를 졸업하고 동경의 상지대학上智大學 신문학과에서 수학하였다. 그는 대학 재학 중인 24, 5세에 처녀시집 『분수령』(삼문사, 1937)과 제2시집 『낡은 집』(삼문사, 1938)을 연이어 간행했다. 제3시집 『오랑캐꽃』(아문각, 1947)과 제4시집 『이용악집』(동지사, 1949)은 광복을 맞은 뒤에 출간되었다. 광복 후 그는 조선문학가동맹의 일원으로 활동하다가 6·25동란 중 월북하였으나, 1953년 숙청 대상으로 지목되어 한때 집필금지의 규제를 받기도 했다. 『평남관개시초平南灌漑詩抄』(1956) 등을 만들었다고는 하나 북에서의 그의 문학적 행적은 잘 알려져 있지 않다.

이용악 시의 특징은 한 마디로 리얼리즘에 뿌리를 두고 있다고 할 수 있다. 그의 시적 관심은 개인이나 사회의 고뇌로운 현실적 삶이었다. 가정적으로 그는 아버지를 일찍 잃은 결손가정으로서의 비극성을 안고 있었고, 사회적으로는 조국을 잃은 망국민으로서의 치욕적인 자괴감에 사로잡혀 있었다. 그리하여 그의 작품은 곤궁한 가족사적 이야기나 고향을 등지고 떠나온 유민流民들의 비극적인 생활상이 주조를 이룬다.

시집 『오랑캐꽃』에 수록되어 있는 「다리 위에서」는 그의 유년의 곤고했던 삶을 회고하는 작품이다. 제2연의 1, 2행만 현재의 정황이고 나머지는 다 과거에 대한 기술이다. 성인이 된 화자가 문득 국수가 먹고 싶은 생각이 나서 국숫집을 찾아간다. 국숫집을 찾아가는 다리 위에서 잠시 걸음을 멈추고 과거를 회상한다. '누나도 나도 어렸을 땐 국숫집 아이였다.'고ㅡ.

이용악의 집안은 조부때로부터 상업에 종사했던 것으로 보인다. 그의 조부는 소달구지에 소금을 싣고 러시아 영토를 넘나들며 금金으로 바꾸어 오는 일을 했다고 전해지고 있다. 그의 아버지 역시 조부의 뒤를 이어 이런 일을 하다가 객사한 것으로 추측된다. 갑자기 가장을 잃은 그의 어머니는 국수장사·떡장사·계란장사 등을 하면서 어렵게 5남매를 길렀던 것 같다.

날이 어두워지면 처마 끝에 장명등長明燈을 밝혔던가 보다. 이는 찾아오는 손님들의 발걸음을 비추어 주는 외등이면서 또한 국숫집임을 알리는 시그널이기도 했으리라. 그 등燈이 거센 바람 때문에 하룻밤에도 몇 번이고 꺼진다. 화자는 당시의 혹독했던 시대적 배경을 '겨울밤 거센 바람'으로 형상화하고 있다. 물론 연약한 그 등불은 위태롭게 살아가는 가족들의 상징물로 읽을 수 있다.

자주 꺼진 불을 다시 붙이기 위해 남매가 궤짝을 밟고 올라선 것으로 보아 그들은 10살 미만의 어린이였던 것 같다. 불을 붙이려고 고개를 쳐든 누나의 시야에 밤하늘의 별들이 벌떼처럼 쏟아져 내린다. 아마 깊은 호수 위에 거꾸로 매달린 듯 현기증이 일었으리라.

'어머니의 국숫집'은 연중무휴로 영업을 했던 것 같다. 단오나 설 같은 명절에도 쉬지 않고 문을 열었다. 그러니 명절이라고 해도 화자는 밖에 나가 친구들과 어울려 놀지도 못하고 집에서 어머니의 시중을 들어야만 했으리라. 그런데 일년에 꼭 하루 국숫집이 쉬는 날이 있다. 그날이 곧 아버지의 제삿날이다. 그날은 풀벌레도 쓸쓸히 울어대는 가을철이다. 어린 자식들은 어머니를 따라 어른처럼 곡을 했다. 그날은 어쩌면 온 가족들이 한데 어우러져 통곡으로 슬픔을 달래는 공인된 '울음의 날'이었을지도 모른다.

이용악은 제삿날 우는 그의 어머니의 눈물을 '박꽃 속의 이슬'이라고 다음과 같이 청렬하게 읊고 있다.

　　달빛 받고 머나먼 길 오시리
　　두 손 합쳐 세 번 절하면 돌아오시리
　　어머닌 우시어

73

밤내 우시어
　　하이얀 박꽃 속에 이슬이 두어 방울
　　　―「달 있는 제사」전문

　다시 원시로 돌아가서,
　화자는 지금 국숫집을 찾아가는 다리 위에 서 있다. '국숫집'은 화자의 유년이다. 국수를 먹고 싶다는 것은 그 유년을 향한 그리움의 발로다. 국숫집이 있는 다리 저쪽은 과거이고 화자가 걸어온 다리 이쪽은 현재다. 그러니 '다리'는 화자의 현재와 과거를 이어주고 있는 의식의 공간이다. 그는 그 공간에 잠시 서서 과거를 조망한다. 비록 곤궁한 유년이었을망정 가족들이 서로 살을 맞대고 살았던 그때가 그립다고 고백하고 있다.
　비극적인 과거를 담담하고 아름답게 그려내고 있는 감동적인 소품이다.

김수영의 「죄罪와 벌罰」

남에게 희생犧牲을 당할만한
충분한 각오를 가진 사람만이
살인殺人을 한다

그러나 우산대로
여편네를 때려눕혔을 때
우리들의 옆에서는
어린놈이 울었고
비오는 거리에는
사십四十명 가량의 취객醉客들이
모여들었고
집에 돌아와서
제일 마음에 꺼리는 것이
아는 사람이
이 캄캄한 범행犯行의 현장現場을
보았는가 하는 일이었다
— 아니 그보다도 먼저

아까운 것이
지우산을 현장現場에 버리고 온 일이었다
　　—「죄와 벌」 전문

　우리는 때때로 타자를 해치고 싶은 충동에 사로잡힐 때가 없지 않다. 세상을 살아가다 보면 꼴불견의 인물들을 드물지 않게 만나게 된다. 비열한 정상배, 저속한 종교인, 양심을 저버린 학자, 배반한 친구 등이 우리를 실망케 한다. 경우에 따라서는 가까운 인척들까지 증오의 대상이 되기도 한다. 도스토예프스키는 소설『죄와 벌』에서 라스콜리니코프로 하여금 전당포의 인색한 노파를 살해하도록 한다. 인간의 심리 속에 자리한 증오의 본능을 부각시킨 작품이라고 할 수 있다.
　김수영(金洙暎, 1921~1968)의 「죄와 벌」은 도스토예프스키의 『죄와 벌』의 제목을 패러디하여 증오에 대한 자신의 폭력 행위를 희화화하고 있다. 즉 라스콜리니코프처럼 적극적인 인물도 못되는 자신을 자조自嘲하는 것이리라.
　이 작품에서 증오의 대상은 화자의 '여편네'다. 그 동기는 밝혀져 있지 않지만 화자는 어느 비 오는 날 밤 술집이 있는 어두운 거리에서 우산대로 아내를 구타했다. 그러자 데리고 간 어린놈이 놀라 울고 여기저기서 취객들이 모여들었다.
　'죄'는 아내의 잘못이고 '벌'은 자신의 구타 행위다. 다른 각도에서 보면 '죄'는 아내를 구타한 자신의 행위이고 '벌'의 내용은 자기를 아는 누군가가 현장에서 이 광경을 목도했으면 어쩌나 하는 걱정(염려)—, 아니 그보다도 버리고 온 지우산에 대한 아까움이라고 할 수도 있다. 어떻든 이 작품에서 '죄'와 '벌'의 내용은 사회성을 띤 대단한 것은 아니다. 별 대단한 것도 아닌 것을 크게 떠벌리는 여기에 또한 소재에 대한 작자의 야유가 담겨 있다고 하겠다.

제1연에서 화자는 체면의 훼손과 어떠한 손실도 감수하겠다는 충분한 각오가 없이는 살인할 수 없다고 단정한다. 이러한 진술의 이면에서도 자신은 살인할 수 있는 배짱도 용기도 없다는 빈정거림을 우리는 읽어 낼 수 있다. .

우산대로 길거리에서 아내를 구타하고도 전혀 양심의 가책을 느끼지 않는 사건, 아내를 버린 지우산만큼도 소중히 생각지 않는— 이것이 이 시의 내용이다. 보다 아름답고, 선하고, 진실하고, 건전한 것들을 즐겨 다루었던 전통적인 시관의 입장에서 본다면 불량하기 이를 데 없는 소재다. 그는 윤리나 도덕 같은 기존의 굴레에 얽매이기를 싫어했다. 그는 관습에서조차도 탈피하고자 했다. 그래서 그는 전통적인 시관에서 중요시했던 진·선·미의 세계에 구애받지 않고 일상적인 사소한 삶의 내용들을 시 속에 끌어들였다. 시의 소재를 제한하지 않고 확대했다고 할 수 있다.

제2연은 분행分行만 했을 뿐이지 산문과 거의 다름없는 글이다. 시문학의 보편적인 특징인 운율이나 압축, 비유 등의 표현 형식에도 거의 관심을 두지 않는다. 시어도 우아하고 아름다운 말을 선택해서 쓰려 하지 않고 머리에 떠오르는 거친 일상어들을 그대로 구사한다. 전통적인 시의 양식에 전혀 구애됨이 없이 표현하고 있다. 시와 산문의 경계를 무너뜨리는 자유분방한 시 쓰기인 셈이다.

김수영을 한마디로 '자유주의자'라고 표현해도 좋을 것이다. 그의 자유정신이 기존의 틀로부터 그의 시를 해방시켰다. 그의 문학적 업적을 긍정적으로 평가한다면 소재와 시어의 확대 등을 통해 한국 현대시의 폭을 넓혔다고 할 수 있다. 그러나 부정적으로 비판한다면 시가 지닌 아름다움·조화로움·경건함 같은 요소들을 다 떨쳐버림으로 시의 위의威儀를 상실케 했다고 할 수 있다. 즉 귀족 문학으로서의 시의 위상을 뭉개버리고 욕설과 야유에 찬 풍자적인 상민문학으로 시를 끌어내린 것이다.

아무튼 김수영은 한국현대시에 적지 않은 영향을 미친 풍운아(문제아?)라고 할 수 있다. 비판적인 안목을 갖고 있는 현대의 많은 시인들이 김수영의 작품에 아직도 경도되어 있는 사실만 보아도 짐작이 가는 일이다. 그러나 한 사람의 김수영은 우리 문학사에 필요하지만, 김수영류의 작품들이 우리 시단을 주도하는 것이 바람직한가 하는 문제는 쉽게 속단하기 어렵다.

이성선의 「물을 건너다가」

개울을 건너는 아침
징검다리에 엎드려 물을 마시다가
문득 물에 몸 비치고 서 있는
나무 한 그루를 마신다.
성인聖人을 먹는다.
물에 떠내려오는 황소를 먹는다.
문살에 비치는 호롱불빛
여물 써는 소리
천도복숭아 가지에 매달린 아이들
감자꽃 사이에서 웃고 있는 할아버지
영혈사靈穴寺에서 막 문 열고 나오는
스님도 하나 먹는다.
먹고 그냥 앉아서
두 다리 사이로 얼굴을 디밀고
거꾸로 바라본다.
거울처럼 반짝이는 세상
내 안일까 밖일까

저 아래
염소 한 마리가 또 둑에서 내려와
궁둥이를 하늘로 뻗치고
물을 마시고 있다.
나를 먹는 모양이다.
　　―「물을 건너다가」 전문

　이 작품은 이성선(李聖善, 1941~2001)의 제5시집 『나의 나무가 너의 나무에게』(오상, 1985)에 수록되어 있다. 화자가 아침에 징검다리를 건너다가 몸을 구부리고 머리를 숙여 물을 마신다. 아니, 물을 마신 것이 아니라 물속에 비친 여러 가지의 사물들을 마신다.
　물은 사물을 맑고 깨끗이 정화하는 매체다. 따라서 물에 비친 사물들은 정화된 사물들이고 물속의 세계는 정화된 세상이다. 화자가 존재하는 현실[此岸]과는 달리 물속의 세계[彼岸]는 정화된 세상― 곧 시인이 꿈꾸는 이상향이라고 할 수 있다.
　화자는 지금 '이쪽'에서 '저쪽'으로 건너가는 징검다리 위에 있다. 수평 이동의 도중에 물을 만난다. 잠시 걸음을 멈추고 물속의 세계를 들여다본다. 그 세계는 화자가 존재하는 지상과는 수직적 차별을 지닌 상위(천상)의 세계다. 화자는 그 세계를 물을 통해서 감지하고 있다. 감지하는 것만이 아니라 그 세계에 동화한다. 그것이 곧 마시고 먹는 행위로 표현된다.
　물속 곧 피안의 세계에 어떤 사물들이 등장하는가 살펴보면 재미있다. 나무, 황소, 호롱불빛, 여물 써는 소리, 아이들, 할아버지, 스님 등이다. 이들 정화된 사물들은 사실 시인이 꿈꾸는 이상향(파라다이스 : 피안)의 시민(구성원)들로 시인에 의해 선택을 받은 것들이다. 하고많은 사물들 가운데 하필이면 왜 이들을 선택했는가. 선택된 사물들의 특성을 통해 우리는 시인이 지향하는 정신세계를 짐작할 수 있다.

　나무, 나무를 화자는 성인聖人이라고 호칭한다. 이 지상의 생명체 가운데 운명적으로 가장 자유스럽지 못한 것이 나무다. 그는 태어난 곳에서 한 발짝도 움직이지 못하고 한평생을 붙박여 살아야만 한다. 양지와 음지, 옥토와 박토, 수분과 공기 등을 자의에 따라 선택할 수 없다. 비바람 눈서리 등 그에게 가해진 어떠한 시련도 피할 수 없다. 그러나 나무는 그에게 주어진 모든 여건을 아무런 불평도 없이 수용한다. 나무의 무한한 인고의 미덕 — 이 지상의 어떤 성자가 이러한 나무의 미덕을 따를 수 있을 것인가. 화자는 나무에게서 고결한 성인을 느낀다. 그리고 그 덕을 본받아 나무와 하나가 되고 싶어 한다. 그래서 마시는 것이다.
　황소, 지상의 동물 가운데서 소만큼 선량한 짐승이 어디 있는가. 덩치나 힘으로 따지자면 범이나 사자를 능가하지만 육식동물과는 달리 거의 공격을 모르는 초식동물이다. 아니 조그만 어린 아이가 끄는 고삐에 매달려서도 순수히 따라간다. 수레에 얹히면 짐을 싣고 가고, 쟁기를 매면 논밭을 갈지 않던가. 그렇게 주인을 위해 한평생 혹사하다가 마지막엔 그의 육신까지 인간에게 다 바치고 떠난다. 그러나 소는 아무런 불평도 말하지 않는다. 그 순종 무언의 미덕을 시인은 높이 샀으리라. 그래서 황소도 시인이 꿈꾸는 이상향의 구성원으로 선택된다. 식물(나무)과 동물(황소)의 대조적 제시도 흥미롭다.
　'문살에 비치는 호롱불빛'과 '여물 써는 소리'는 농촌의 단란한 저녁 풍경이다. 시각적 이미지와 청각적 이미지의 대비도 조화롭다. 소박한 초가의 방안 호롱불 곁에는 아녀자들이 도란거리고 있을 것이고, 남성들은 아직도 외양간 곁에서 작두로 여물을 썰고 있는 정경이다. 반문명적 농경사회를 지향하는 시인의 꿈을 읽을 수 있다. 문명이 생활은 편리하게 발전시킨 것 같지만 사실 문명은 세상을 복잡하게 만들어 인간의 화평을 앗아갔다. 행복의 지수로 따진다면 현대 도시인의 생활이 어찌 고대 농경인의 삶을 따라갈 수 있겠는가.

'천도복숭아 가지에 매달린 아이들'과 '감자꽃 사이에서 웃고 있는 할아버지', 천진난만한 아이들의 모습과 순진무구한 할아버지의 웃음이 잘 어우러진 평화로운 농촌 풍경이다. 마치 동화 속의 한 장면을 옮겨 놓은 것 같다. 천상적(가지에 매달린) 유년(아이들)과 지상적(감자꽃밭) 노년(할아버지)의 병치도 조화롭다.

마지막에 등장하는 것은 스님이다. 영혈사靈穴寺, 고유명사이기는 하지만 '영혼의 구멍'이라는 의미를 지닌 절이 아닌가. 어쩌면 그 절의 스님은 육신을 이미 떠나 영혼의 세계에 안주하고 있을 듯도 싶다.

화자는 이러한 세상을 두 다리 사이로 얼굴을 디밀고 거꾸로 바라보고 있다. 그 세계는 정화된 이상향이니까 현실과는 반대되는 어쩌면 이승을 뒤집어 놓은 세계일지도 모른다. 화자는 정화된 그 세계를 거울처럼 반짝이는 세상이라고 말한다. 그런데 그 세상이 화자의 심리적인 내면에서만 존재하는 것인지 아니면 객관적(내 밖)으로 실재하는 것인지 알 수 없다고 한다. 사실 이상의 세계란 영원히 도달할 수 없는 상상의 세계에 지나지 않을 지도 모른다.

또한 이 작품의 흥미로운 구조는 마지막 부분이다. 개울의 하류에 염소를 등장시켜 화자 자신까지를 들여 마시게 하는 극적 전환을 설정하고 있다. 염소는 화자보다도 한 단계 높은 정화된 세계와의 동일성을 실현시킨 존재다.

나는 세상을 바라보는 시인의 시각을 지상적 시각과 수평적 시각 그리고 천상적 시각 등 셋으로 구분한 적이 있다. 지상적 시각의 작품은 현실에 가치를 부여하는 리얼리즘의 시, 수평적 시각의 작품은 사물을 객관적으로 포착하려는 즉물시卽物詩 그리고 천상적 시각의 작품은 사물의 본질이나 피안의 세계를 추구하는 형이상形而上의 시가 대표가 된다. 이성선 시인은 현대시인 중 보기 드물게 천상적 시각을 고수했던 시인이다. 그는 자연과 생명 그리고 본질의 세계에 귀를 기울이는 많은 가작들을 남겨 놓고 있다. 이성선은 시 쓰기를 영혼과의 합일을 통해 시도하려 했다. 영혼을 우주의 통로로 생각했던 것 같다.

김기림의 「바다와 나비」

 김기림(金起林, 1908 ~ ?)은 1950년 납북되기 전까지『태양太陽의 풍속風俗』(학예사, 1939),『기상도氣象圖』(창문사, 1936),『바다와 나비』(신문화연구소, 1946),『새노래』(아문각, 1948) 등의 시집을 간행했다. 김학동 편『김기림전집(시)』(심설당, 1988)에는 위의 시집들 외에 누락된 57편의 작품이 발굴 수록되어 있다.

 1930년대 초반 모더니즘 시론과 더불어 화려하게 작품 활동을 펼쳤던 김기림은 납북으로 말미암은 평가의 공백 기간도 있기는 했지만, 오늘에 와서도 별로 크게 주목의 대상이 되고 있는 것 같지 않다. 그렇게 된 연유 중의 하나는 그의 시에는 백석이나 정지용의 작품들에서 느낄 수 있는 '온유溫柔'의 맛이 덜한 때문이 아닌가 생각된다. 말하자면 그의 시는 생경生硬하다. 낭만적인 서정을 거부하고 문명과 지성을 지향한 새로운 경향의 작품을 시도하다 보니 그랬을 지도 모른다.

 그런데 그의 세 번째 시집인『바다와 나비』에 이르게 되면 서정성 회복의 징후가 보인다. 이 시집의 표제시인 「바다와 나비」에서 이를 확인할 수 있다. 지적 이미지를 무기로 삼았던 그도 시의 바탕이 서정임을 끝까지 부인하기는 어려웠던 모양이다. 그러나 그의 시에서의 순수서정의 회복은 얼마 지속되지 않는다. 곧 이어 맞게 되는 광복으로 말미암아 격정에 사로잡히게 되고 그의 작품에서의 예술성은 빛을 잃고 만다.

  1939년 4월 《여성女性》지에 발표된 「바다와 나비」는 그가 그렇게 경계했던 감상적感傷的 서정성을 담고 있다. 비록 소품이지만 가작으로 평가하지 않을 수 없다.

>아모도 그에게 수심水深을 일러준 일이 없기에
>흰 나비는 도모지 바다가 무섭지 않다
>
>청靑무우 밭인가 해서 나려갔다가는
>어린 날개가 물결에 저저서
>공주公主처럼 지쳐서 도라온다
>
>삼월三月달 바다가 꽃이 피지 않아서 서거푼
>나비허리에 새파란 초생달이 시리다
>   —「바다와 나비」 전문

  바다와 나비, 두 대상만으로 이루어진 간결한 구도의 작품이다. 바다라는 광막한 세계에 대비적으로 나비라는 연약한 생명체를 투여하고 있다. 현실적인 정황이라기보다는 인위적인 구성이지만 나비에 대해 연민의 정을 불러일으키게 한다. 그렇게 느껴지는 것은 이 작품이 상징적인 구조로 읽히기 때문이 아닌가 싶다. 우선 작품의 내용을 구체적으로 살펴보도록 하자.

제1연은 바다가 어떠한 존재인가 전혀 알지 못한 순진한 나비가 제시된다. 바다라는 대상이 얼마나 광막하고 위엄한 것인지 아무런 정보를 갖고 있지 못한 나비는 마치 하루 강아지 범 무서운 줄 모르는 격이다. 실로 아이러니컬한 구조가 아닐 수 없다.
　제2연은 푸른 바다를 청무우 밭으로 착각하고 내려갔다가 여린 날개가 바닷바람에 절어 돌아온다는 내용이다. 물결에 절었다고 표현했지만 바다물결이 일으키는 소금기 어린 해풍에 절었다고 이해하는 것이 자연스럽다. 연약한 나비를 공주에 비유한 것도 재미있다. 구중궁궐에 갇혀 자라온 천진한 공주가 세상의 물정에는 손방인 채 무모한 바깥나들이를 시도한 것으로 본 것이다.
　제3연은 나비가 안식을 얻지 못하고 계속 밤이 올 때까지 바다 위를 비상하고 있는 안타까운 모습을 그리고 있다. 계절은 아직 쌀쌀한 3월이다. 바다의 청무우 밭엔 꽃이 피지 않아 서글프다고 나비는 생각한다. 어느덧 밤이 되어 하늘에 뜬 푸른 초생달빛이 나비 허리에 차갑게 비치고 있다.

　표면 진술은 나비에 관한 것이지만, 이것은 나비만의 이야기가 아니라 광활한 세상에 던져진 연약한 생명의 실존 양상을 상징한 것으로 이해된다. 지상의 영장이라고 자부하는 인간도 예외일 수는 없다. 인간 역시 광막한 우주를 배경으로 본다면 한 마리 연약한 나비 못지않은 미물에 불과하다. 한 치의 앞도 제대로 못 내다보고 세파 속에서 허둥대며 살아가는 인간의 몸짓 역시 바다 위에 떠서 계속 나래를 퍼덕이고 있는 나비와 다를 것이 없다. 절망적인 인간 실존의 모습을 극적으로 표현해 내고 있는 작품이다.

　김학동 교수는 「바다와 나비」가 1910년대에 발표된 소월素月 최승구

崔承九의「조潮에 접蝶」의 발상법과 유사함을 지적하고 있다[1]. 바다의 흰 물결을 꽃으로 착각하고 뛰어들었다가 돌아오지 못한 나비의 운명을 그린 작품이다. 최승구의「潮에 蝶」이 김기림의「바다와 나비」를 탄생시킨 동기가 되었는지는 확인할 길이 없다. 그러나 설령 영향을 받았다하더라도 크게 문제될 것은 없어 보인다. 발상은 비슷해도 표현의 기법이 전혀 다르기 때문이다.「바다와 나비」는 김기림의 시적 재능을 확인케 하는 수작으로 평가하지 않을 수 없다.

[참고] 김학동 '소월 최승구의 시세계'『최소월 작품집』(형설출판사, 1982) p.104~107

---

1. 김학동『김기림 연구』(새문사,1988) p.58

유공희의 「ILLUSION」

　산야에 피었다 지는 이름 모를 수많은 들꽃들을 생각하면 참 안타깝기도 하다. 그들이 길가에 피었더라면 지나가는 사람들의 눈에 띄어 얼마나 기림을 받을 수 있었겠는가? 그러나 산야의 들꽃들은 사람의 시선 같은 것은 별로 안중에 있는 것 같지 않다. 보는 이 하나 없어도 최선을 다하여 아름다운 빛깔과 향기로 자신의 존재를 가꿀 뿐이다.

　사람의 일도 들꽃의 경우와 크게 다르지 않다. 천상에 반짝이는 별들처럼 이 지상에도 많은 사람들이 꽃을 피우며 살다 간다. 그런데 어떤 이의 꽃은 세상에 드러나 눈부시게 기억되기도 하지만, 대부분의 꽃들은 계절이 바뀌면서 어둠속에 묻히고 만다. 아니, 처음부터 세상에 얼굴 내밀기를 좋아하지 않아 숨어서 피는 꽃도 있다. 누구의 간섭도 받고 싶지 않은 절대 자유를 누리고자 하는 비범한 인물이기 때문이다.

　유상愉象 유공희(柳孔熙, 1922~2003)란 분이 있었다. 메이지대(明治大) 문학부에서 수학하신 분인데, 평생 '그냥 선생'(그분의 표현)으로 몇 명문 고등학교에서 훌륭한 제자들을 길러냈다. 글쓰기를 즐긴 문학인이었지만 등단을 거부한 채 자유인의 몸으로 고고하게 살았다. 유머와 위트에 넘친 철학적인 담론들을 즐겨 썼다. 그분 생존 시 제자들이 여러 차례 찾아가 스승의 글을 문집으로 엮고자 청했지만 끝까지 고사固辭했다. 당신의 생전에 어찌 부끄럽게 문집을 갖느냐는 것이 거절의 이유였다. 근래에 보기 드문 청빈한 선비정신의 소유자였다. 작품이 모이기가 무섭게 시집으로 묶어낼 생각부터 지녔던 나는 실로 부끄럽기 이를 데 없었다.

스승이 세상을 뜬 지 몇 년이 지난 지금에야 유고를 정리하면서 나는 새로운 사실에 놀란다. 43편의 산문 이외에 76편의 시 작품이 있음을 확인하게 된 것이다. 시의 경우 그분의 2, 30대의 것이므로 지금으로부터 5, 60년 전의 글이어서 오늘의 정서와는 거리가 다소 없지 않다. 그러나 당시의 젊은 지성인이 품었던 고뇌를 엿볼 수 있을 뿐만 아니라, 한편 문학사적인 측면에서도 검토해 볼 만한 가치가 없지 않을 것으로 생각된다. 한 문학인의 작품을 발굴한다는 생각으로 우선 「ILLUSION」이란 작품을 여기 소개해 보고자 한다.

    이끼가 퍼렇게 낀 깨어진 기와 쪼각들이 흐느껴 우는 소리를 들었는가?

    그것은 멀리 거대한 뱀처럼 누운 양자강楊子江의,
    물빛조차 조금도 엑조틱하지 않는 내 고향 같은 중국의 벌판—
    따스한 사월의 햇볕이 쏟아져 내리는 언덕 위….
    구구식 소총을 풀밭에 던져 둔 채
    티 없이 푸른 하늘이 소나기처럼 향수를 쏟는 한낮
    나는 문득 구슬프기 이를 데 없는 들새의 곡성을 들었다.

ku ku ku kwoo⋯⋯⋯ku ku ku kwoo⋯⋯
워드워즈의 로맨티시즘이 생각났다.
cuckoo의 원더링 보이스를 찾아 헤매는 그의 미스터리를⋯.
나는 소리를 찾아서 엊그제 익힌 포복匍匐을 시험했다.
저 호반 시인처럼 머리털을 훈풍에 휘날리며 걸을 수는 없다.
푸른 하늘에 얼굴을 쪼이는 것도 내게는 하나의 반항이었으니까.
멀리서 경기관총이 연발하고 있는 것이다.
나는 그 표적이니까 이 언덕 위에 엎드려 있어야 하는 것이다.
소리를 향하여 포복하던 나는 이윽고 소리가 있었을 장소에
그 슬픈 들새를 발견하였다.
그것은 의외에도 이끼가 퍼렇게 낀 채 흩어져 있는 기와 쪼각들이었다!
아까 ku ku ku kwoo⋯⋯하고 울던 소리는 분명히
이 기와 쪼각들의 곡성이었다!
몇 백 년 몇 천 년을 두고 이 기와 쪼각들은 인적 없는 이 언덕에서
그렇게 슬피 울어 왔으랴!
아, 사천 년의 차이나의 오열嗚咽⋯
갈갈이 찢기우고 짓밟히는 차이나의⋯⋯오리엔트의⋯⋯.

그 소리는 죽지 않는다. 나의 가슴속−
벌판마다 언덕마다 ku ku ku kwoo⋯⋯ku ku ku kwoo⋯⋯.

이끼가 퍼렇게 낀 깨어진 기와 쪼각들이 흐느껴 우는 소리를 들으며 산다.
귀를 기울이려므나⋯

붉은 산들이 둘러 있는 네 고향의 언덕 위에 혼자 누워 있어 보려므나.
　　　　—「ILLUSION」전문

이 작품의 배경은 일제 말기 소위 대동아전쟁이라고 일컫는 전시戰時다. 학병으로 일본군에 끌려간 주인공은 중국 대륙에 침투되어 양자강 주변의 들판에 매복해 있다. 4월의 따스한 봄 햇볕은 쏟아져 내리는데, 어디선가 '쿠 쿠 쿠우-' 하는 들새의 울음소리가 들린다. 화자는 구구식 소총을 던져두고 소리의 행방을 좇아 포복해 간다. 워드워즈의 시 「뻐꾸기에게(To Cuckoo)」가 떠오른다. 호반의 낭만시인 워드워즈는 뻐꾸기의 울음소리를 듣고 그 새의 행방을 찾아 헤맨다는 내용의 시다. 지금 화자는 워드워즈처럼 머리칼을 바람에 휘날리며 그런 낭만적인 배회를 즐길 수는 없다. 그러나 화자는 그 들새의 울음에 끌려 멀리서 울리는 적의 경기관총 소리를 들으며 포복해 간다. 드디어 울음의 근원지에 접근했지만 그가 발견한 것은 들새가 아닌 깨어진 기와조각들이었다. 이끼가 퍼렇게 낀 깨진 기와 조각들 - 역사의 파편들이 흐느껴 울고 있었다. 그것은 역사를 유린당한 영혼들의 울음소리, 짓밟힌 중국대륙, 아시아의 비명처럼 들리기도 했다. 아니, 붉은 산들이 둘러 있는 헐벗은 조국에서도 그런 소리가 들릴 것이 아니겠는가?

　이 작품에서의 환청(幻聽: illusion)인 '들새의 울음소리'는 하나의 상징이다. 역사의 비명일 수도 있고, 인간의 내면에 자리한 양심의 소리일 수도 있다. 일제 침략 전쟁을 비판한 반전적인 작품이지만 전쟁 자체를 직설적으로 규탄하는 언술은 하나도 없다. 전쟁의 참혹성을 감춘 채 오히려 낭만적이고 신비로운 배경을 설정하여 독자의 가슴을 울린다. 가히 수작이라 이를 만하다.

　유상愉象 선생은 스스로 문학의 딜레탕트라고 겸손해 했다. 프랑스 상징주의 시인들을 사랑했고 실존주의 철학자들을 좋아했다. 자존自尊과 개성을 소중히 여긴 자유인이었으며, 진정한 멋을 안 댄디(dandy)였다. 유머와 위트가 넘친 낭만주의자, 그러나 지조를 잃지 않은 선비였다. 한 마디로 표현하면, 내가 지금까지 이 지상에서 만난 사람들 가운데 가장 멋진 분이었다. 그를 만날 수 있었다는 것이 내 생애의 큰 행운이며 기쁨이었다. 그분의 맑고 고운 문향文香을 세상과 더불어 나누고 싶다.

* 유공희(柳孔熙, 1922~2003) 선생의 문집 『물 있는 풍경』(시학, 2008)이 간행되었음.

제2부

좋은 시 밝혀 읽기

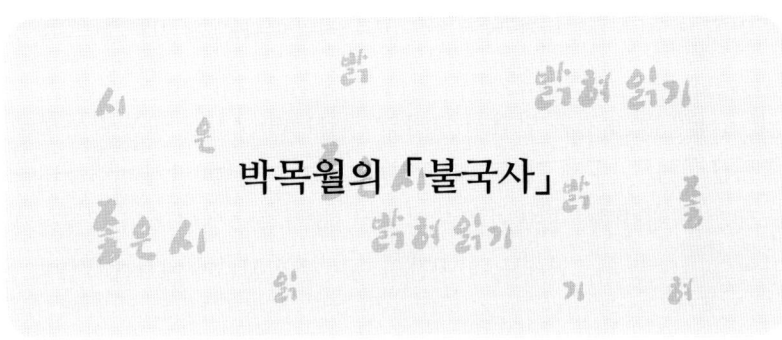

박목월의 「불국사」

흰달빛/ 자하문紫霞門// 달안개/ 물소리//

대웅전大雄殿/ 큰보살// 바람소리/ 솔소리//

범영루泛影樓/ 뜬그림자/ 흐느히/ 젖는데//

흰달빛/ 자하문紫霞門// 바람소리/ 물소리
　—「불국사」 전문

　박목월의 초기시집『산도화』에 수록되어 있는 이 작품은 많은 사람들의 입에 회자되고 있는 걸작이다. 우선 이 작품은 외견상 재미있는 특징을 지닌다. 모든 행을 대개 한 어절 중심의 1음보로 단순 간략하게 배치하고 있다. 전 8연이지만 위의 배열에서 보인 것처럼 기승전결의 네 부분으로 나눌 수 있는 절구적 구조를 지닌 소품이다. 두 개씩의 형용사(흰, 큰)와 동사(뜬, 젖는데) 그리고 한 개의 부사(흐느히)를 제외하고는 다 명사로 구성된 작품이다. 수식어와 서술어들을 극도로 줄이고 뼈대가 되는 체언만을 단순 명료하게 늘어놓았다. 어떤 분이 그림을 두고 말하기를 대상에서 불필요한 부분을 다 지워가는 작업이라고 했는데, 이 시야말로 중요치 않다고 생각되는 부분들은 과감하게 생략해 버리고 몇 가지 대상만 간결하게 남겨놓은 그런 작품이다.

　불국사의 밤 정경을 담담히 묘사하고 있는데 제시된 대상은 자하문·대웅전·범영루 이 세 가지에 불과하다. 그 밖에 달빛·안개·바람소리·물소리 등은 배경이나 분위기를 드러내는 제2차적 소재에 지나지 않는다. 이처럼 단순한 구조인데도 각 행간의 이미지의 배치가 예사롭지 않다.

　제1연에서는 흰색과 자색의 색채적 대조, 제2연에서는 시각(안개)과 청각(물소리)의 감각적 대조, 제3연에서는 '대大'와 '큰'의 의미의 병치, 제4연에서는 두 '소리'들의 병치, 제5연 역시 '범영泛影'과 '뜬그림자'의 의미의 병치, 그리고 제7연에서는 모처럼 수식어와 서술어를 구사하면서 이제까지의 시의 흐름을 바꾸어 놓고 있다. 말하자면 절구의 전轉에서의 전환처럼 파격을 통해 구조의 단조로움에 변화를 주고자 시도한 것이리라. 마지막 제7, 8연에서는 반복을 통해 수미쌍관의 조화를 모색하기도 한다. 또한 각 연의 전후 행들의 구조가 거의 천天↔지地 혹은 상上↔하下의 이미지 대조를 이루고 있는 것도 재미있다.
　달빛과 안개와 바람소리 물소리에 젖어있는 불국사의 아늑한 정경을 그린 작품인데 극도의 간결한 표현으로 말미암아 수묵화가 지닌 여운과 여백의 운치를 맛보게 한다. 가히 가작이라 이를 만하다. 그런데 무엇인가 좀 미진한 것 같은 느낌이 없지 않다. 그것이 무엇일까?

　대웅전에 이르는 불국사의 구조는 청운교·백운교의 돌다리 계단을 올라서 자하문을 통해 앞마당에 들어가도록 되어 있다. 자하문의 왼편에는 좌경루左經樓가 있고 오른편에는 범영루가 있다. 좌경루는 애초에는 불경을 간직했던 장경각이었는데 지금은 목어와 운판이 매달려 있는 누각이다. 범영루는 이전엔 범종을 매달았던 종각이었으나 지금은 돌

거북에 업힌 법고가 안치되어 있는 고루다. 아무튼 대웅전 뜰에서 보면 자하문을 가운데 두고 좌경루와 범영루가 좌우 일렬로 늘어서 있는데 이들은 회랑으로 연결된다. 그 회랑은 다시 대웅전 앞마당을 양편으로 감싸고도는 ㅁ자 울타리를 이룬다. 그리고 절의 앞마당에 저 유명한 다보탑과 석가탑이 좌우로 자리 잡고 있다. 자하문을 들어서면 대웅전에 앞서 다보탑과 석가탑이 눈에 들어온다. 이 두 탑이야말로 불국사의 상징물이라고 할 수 있는 소중한 대상이다. 그런데 작품「불국사」에는 이 중요로운 두 대상이 제거되고 없다. 왜 그랬을까? 작품을 극도로 줄이다 보니 그렇게 되었을까? 그러나 그 짧은 작품 속에서도 '자하문'은 두 번씩이나 반복되지 않았는가. 아무래도 석연치가 않다. 반복되는 부분을 좀 안배한다면, 좌경루까지는 몰라도 백운교나 청운교 그리고 석가탑과 다보탑을 끌어들이지 못할 것도 없을 것 같다. 화자가 백운교를 올라 자하문으로 들어서서 경내를 둘러보고 되돌아 나오는 과정을 다음과 같이 담을 수도 있으리라.

      백운교/ 자하문// 달안개/ 물소리//
      석가탑/ 다보탑// 바람소리/ 솔소리//
      대웅전/ 큰보살// 흐느히/ 젖는데//
      범영루/ 뜬그림자// 바람소리/ 물소리.

  가까운 시인들이 모인 자리에서 나의 이러한 견해를 피력했더니 어떤 이는 운율의 문제를 들어 선뜻 동의하려 들지 않기도 했다. '석가탑 다보탑'이라는 시어는 패쇄자음들이 주도하고 있어서 부드럽지 못하다는 것이다. 일리가 없지 않은 지적이다. 그러나 '~탑'과 '~탑' 그리고 '~소리'와 '~소리'가 빚어내는 압운의 효과가 이를 충분히 보상할 수도 있지 않을까 하는 생각이다. '백운교' '석가탑' '다보탑' 등의 새로운 대상을 싣기 위해, 전후 반복하여 쓰이고 있는 '흰달빛'을 삭제했다. 이는 '달안개'만으로도 월야의 정취를 드러낼 수 있을 것이라고 판단되었기 때문이다. 그리고 '흐는히 젖는데'의 연결고리도 바꾸어 보았다. '범영루 뜬그림자'에 이어질 때는 그림자가 물에 젖는 의미만으로 한정이 되지만, '대웅전 큰보살'에 연결하고 보면 달안개·물소리·바람소리 등에 포근히 감싸이는 한껏 은근한 비경이 살아나기 때문이다.

  어떠한가? 불경스럽게도 선인의 작품에 감히 사족을 단 꼴이 되었는가?

  만약 목월이 곁에 있어 함께 의논한다면 내 생각에 혹 고개를 끄덕여 줄는지…. 아니면 내가 미처 미치지 못한 또 다른 시상들을 들추어 나를 일깨워 줄는지 모를 일이다. 그러나 이젠 서로 마주하여 시정을 나눌 길이 없으니 이 얼마나 답답한 노릇인가.

김소월의 「진달래꽃」

나 보기가 역겨워
가실 때에는
말 없이 고이 보내 드리우리다

영변寧邊에 약산藥山
진달래꽃
아름 따다 가실 길에 뿌리우리다

가시는 걸음걸음
놓인 그 꽃을
사뿐히 즈려밟고 가시옵소서

나 보기가 역겨워
가실 때에는
죽어도 아니 눈물 흘리우리다
　　　―「진달래꽃」 전문

소월은 역대 시인들 가운데서 타의 추종을 불허할 정도로 널리 알려진 민중 시인이다. 그의 작품 중에서도 독자들의 사랑을 가장 많이 받아온 수작이 바로 이「진달래꽃」이라고 할 수 있다. 말하자면 이 작품은 소월을 유명하게 만든 그의 대표작이다. 이 작품의 문학성은 그동안 많은 문학연구가들에 의해 여러 각도에서 조명되었다.
　육당과 안서 등을 거쳐 시도된 소위 7·5조의 율격은 소월에 이르러 자리를 잡게 된다. 우리는 이 작품을 읽을 때 우선 7·5의 유연한 가락이 빚어내는 아름다움을 맛볼 수 있다. 소월시가 대중들에게 호소력을 가진 것은 시의 내용도 내용이지만 율격이 만들어낸 흥겨움 때문이 아닌가 생각되기도 한다.

　여성화자의 입을 통해 진술된 이 시의 내용은 별로 복잡하지 않다. 그 의미 구조를 다음의 세 단계로 요약할 수 있다. (1) 만약, 님이 나를 싫어하여 떠난다면 말리지 않겠다. (2) 다만 가시는 길에 진달래꽃을 뿌려 환송할 터이니 사뿐히 밟고 가시라. (3) 나는 결코 울지 않겠다.
　이 작품은 어떤 심오한 사상이 담겨 있거나 화려한 수사修辭가 구사된 것도 아니다. 그럼에도 불구하고 독자들의 이목을 끈 것은 예상치 못한 화자의 낯선 태도 때문이라고 할 수 있다. 보통의 경우, 님이 떠나려 하면 눈물을 흘리며 만류를 하거나, 그래도 듣지 않는다면 통곡을 하며 애원할지도 모른다. 그런데 이 작품에서의 화자는 그런 통상적 태도와는 달리 님을 곱게 보내드리고, 결코 슬픈 기색을 드러내 보이지 않겠다는 결심을 보인다. 거기다가 한술 더 떠서 님이 떠나가시는 길에 진달래꽃을 뿌려 기리겠다고 하니 이 아니 놀랠 일인가. 보통사람은 생각할 수 없는 비범한 노릇이 아닐 수 없다. 이를 두고 산화공덕散花功德이니, 애이불비哀而不悲니 하면서 헌신과 인고의 동양적 체관諦觀으로 설명하기도 한다. 그런가 하면 한탄과 원망의 내면적 진실과는 달리 그렇게 함으로 해서 님의 마음을 움직여 언젠가 다시 돌아오도록 하겠다는 숨겨진 욕망의 역설적 표현이라고 심리적인 측면에서 이해하기도 한다. 그 원인이야 어디 있든 독자들에게 감동적으로 가 닿는 것은 '꽃을 뿌려 님을 환송하겠다'는 그 기발한 발상이다. 이것이 이 작품을 감동적이게 한 아이디어다.

 그러나 이 작품을 놓고 부분적으로 아쉬움을 지적하는 비평가들도 없지 않다. 맨 끝행의 '죽어도'는 마음에 좀 거슬린다는 것이다. 이제까지의 헌신적인 여성화자의 목소리로는 어울리지 않는 표독함을 느끼게 하여 부자연스럽다고 한다. 어찌 생각하면 그럴 것도 같다. 그러나 '죽어도'에 님에 대한 화자의 숨겨진 마음(강한 원망)을 담으려는 의도가 있었다면 이는 효율적인 표현이라고 보아도 좋으리라.

 또 어떤 이는 '사뿐히'와 '즈려밟고'의 연결이 모순성을 내포한다고 지적하기도 한다. 즉 '즈려밟다'는 평안도 방언으로 '힘주어 밟다'의 의미인데, '사뿐히 힘주어 밟다'가 자연스럽지 못하다는 것이다. 그러나 시를 외연적 의미의 논리성만으로 따지지 않고 내포적 의미를 감안한다면 이해가 안 되는 바도 아니다. '사뿐히'는 님의 마음(심정)을 '즈려밟다'는 님의 육신(발)을 뜻하는 말로 구분해 볼 수도 있지 않겠는가. 즉 '나에게 부담 느끼지 말고 가벼운 마음으로 놓인 꽃을 밟고 가시라'의 의미가 된다.

 그건 그렇고, 내가 이 작품에서 문제 삼고자 하는 것은 고유명사의 사용에 관한 것이다. '영변에 약산'이란 구절에 대한 불만이다. 물론 시에서의 고유명사가 경우에 따라서는 향토적인 정취를 효율적으로 살려내기도 한다. 그러나 이 작품에서는 굳이 향토성을 드러낼 필요가 없어 보인다. 사랑과 이별은 어느 지역에 한정된 특수한 문제가 아니라, 모든 시대와 사회가 안고 있는 보편적 문제이기 때문이다. 물론 영변의 약산 동대藥山東臺는 관서의 명승지로 진달래꽃이 유명한 곳임을 모르는 바는 아니다. 또한 그 고장에서는 한 여인의 넋이 진달래꽃이 되었다는 비극적인 전설을 지니고 있다고도 한다. 그래서 보통의 진달래꽃이 아니라 바로 세상에서 가장 아름답고 슬픈 그 약산의 진달래를 선택했을 지도 모른다. 그러나 비평가라면 혹 모르지만 보통의 독자들은 그러한 것들까지에 관심을 두고 작품을 대하지 않는다. 따라서 소월의 이 선택은 오히려 작품의 폭을 그만큼 줄이고 만 셈이 된다. 무슨 말인지 잘 이해가 안 간다면 이 시가 외국어로 번역될 경우를 생각해 보자. '영변의 약산'이라는 고유명사가 외국인들에게 감동을 불러오리라고 기대하기는 지극히 난감한 일이 아닌가.

'영변에 약산 진달래꽃'을 '온 산천 붉게 타는 진달래꽃'으로 바꾸면 어떤 느낌일까. 한정된 지역성도 벗어나고, 5·4로 부서졌던 7·5의 율격도 다시 살아나게 된다. 거기다가 '타는 진달래'에 화자의 애타는 마음도 실을 수 있어서 괜찮을 듯도 싶다.

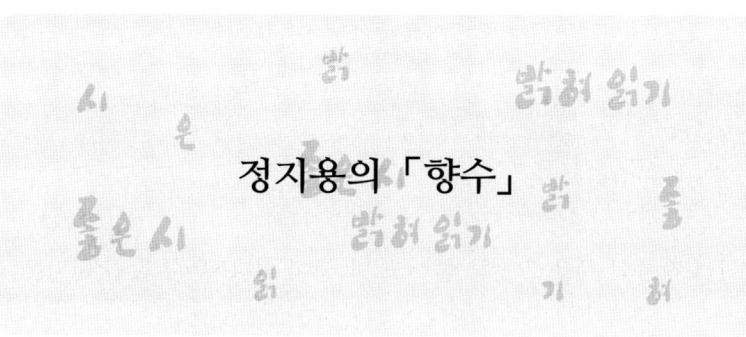

정지용의 「향수」

넓은 벌 동쪽 끝으로
옛이야기 지즐대는 실개천이 휘돌아 나가고,
얼룩백이 황소가
해설피 금빛 게으른 울음을 우는 곳,

―그 곳이 차마 꿈엔들 잊힐리야.

질화로에 재가 식어지면
비인 밭에 밤바람 소리 말을 달리고,
엷은 졸음에 겨운 늙으신 아버지가
짚벼개를 돋아 고이시는 곳,

―그 곳이 차마 꿈엔들 잊힐리야.

흙에서 자란 내 마음
파아란 하늘빛이 그리워
함부로 쏜 화살을 찾으러

풀섶 이슬에 함초롬 휘적시던 곳,

―그 곳이 차마 꿈엔들 잊힐리야.

전설傳說바다에 춤추는 밤물결 같은
검은 귀밑머리 날리는 어린 누이와
아무렇지도 않고 예쁠 것도 없는
사철 발벗은 아내가
따가운 햇살은 등에 지고 이삭 줍던 곳,

―그 곳이 차마 꿈엔들 잊힐리야.

하늘에는 석근 별
알 수도 없는 모래성으로 발을 옮기고,
서리 가마귀 우지짖고 지나가는 초라한 지붕,
흐릿한 불빛에 돌아앉아 도란도란거리는 곳,

―그 곳이 차마 꿈엔들 잊힐리야.
―「향수」전문

「향수鄕愁」는 1927년 3월에《조선지광朝鮮之光》65호에 발표되었지만 작품의 제작 연대는 1923년 정지용(1902~?)의 나이 22세, 휘문고보를 졸업할 무렵쯤으로 추정된다. 초창기의 작품인데도 그의 문학적 재질이 충분히 드러나 있는 가작이다. 더욱이 이「향수」는 노래로 불리면서 정지용의 작품 중 대중들의 사랑을 가장 많이 받은 유명한 작품이 되었다.
 이 작품은 다섯 장면의 정겨운 고향 정경들을 병치해 놓은 단순 구조로 되어 있다. 정경들 사이의 유기적인 관계는 없다. 다만 '―그 곳이 차마 꿈엔들 잊힐리야'라는 후렴행이 각 연들의 중간에 독립적으로 끼어 반복되면서 그리움의 정감을 고조시킬 뿐만 아니라, 연들 사이의 결속을 다지고 있다.

제1연은 넓은 들판에 실개천이 흘러가고 황소가 평화롭게 느긋한 울음을 울고 있는 정경이다. 마을 앞에 시원히 펼쳐진 들녘의 원경인데, 이 작품의 서곡에 해당된다.
제2연은 아버지에 대한 추억이다. 늙은 아버지와 겨울밤의 시간적 배경이 잘 어울린다. 그러나 쓸쓸함보다는 원시농경사회의 따스함을 느끼게 한다.
제3연은 화자 자신의 유년이 대상이 된다. 미지의 세계에 대한 동경 속에서 노루처럼 뛰어다니던 한 시골 소년의 야성을 떠올리게 한다. 그 신선함이 봄 아침을 연상시킨다.
제4연은 신비롭고도 발랄한 누이와 소박하고도 근검한 아내를 추억하는 장면이다. 이삭을 줍는다고 했지만 가을이기보다는 싱그러운 여름을 느끼게 한다. 보리이삭을 생각할 수도 있기 때문이다.
제5연은 천상의 별들과 까마귀의 비상을 배경으로 가난한 집이 조감되고 있다. 그러나 그 집은 도란거리는 말소리가 불빛에 새어나오고 있는 단란한 가정이다. 추수가 끝난 뒤의 평화로운 농가를 연상케 한다. 제1연의 지상적 조망眺望과 대조가 되는 천상적 조감鳥瞰의 구조다.
이 시의 구성요소들을 정리해 보이면 다음과 같다.

구분 \ 연	제1연	제2연	제3연	제4연	제5연
계절적 배경	(봄,여름,가을)	겨울	봄	여름	늦가을
하루의 배경	낮	밤(심야)	아침	오후(?)	저녁
공간적 배경	벌(들판)	방	풀섶	논밭	집
주 대상	실개천, 황소	아버지(노인)	나(유년)	누이, 아내 (성년)	식구
보조 대상		질화로, 바람	하늘빛, 화살	귀밑머리,이삭	별, 까마귀

각 연의 시간적 배경들이 조화롭게 배치된 것을 알 수 있다. 제1연은 겨울을 제외한 어느 계절을 배경으로 생각해도 무방하다. 그 외의 다른 연들에는 사계가 적절히 안배되고 있다. 하루를 배경으로 한 것도 아침에서 심야에 이르기까지 다양하다. 공간적 배경도 그런 대로 다채롭게 선택되고 있음을 보게 된다.

또한 이 작품은 '옛이야기 지줄대는 실개천' '해설피 금빛 게으른 울음을 우는' '전설바다에 춤추는 밤물결 같은' 등의 화려한 수사가 돋보인다. 그런가 하면 '석근 별'과 같은 생소한 표현이나 '얼룩백이 황소'와 같은 부자연스런 표현의 문제성이 지적되기도 한다.

그러나 고향을 노래한 이 작품의 결정적인 아쉬움은 '어머니'와 '친구'의 부재不在라는 사실이다. 고향을 그리는 노래에서 어머니와 친구가 선택되지 않은 것은 어떤 까닭이 있었던 것일까? 대개의 경우 고향과 어머니는 동일시되는 회귀지향의 절실한 대상인데 그런 어머니가 '고향'에서 제거된 이유가 무엇일까? 정지용은 12살의 어린 나이로 동갑인 신부를 맞아 조혼을 했는데 14살에 서울로 유학을 떠나왔다. 그리고 8년 뒤에 이 작품을 쓰게 된다. 혹 고부간의 심한 갈등으로 말미암아 무의식중에 어머니에 대한 반발심을 담고 있었던 것은 아닌가. 제대로 친구와 어울리지 못했던 외톨박이는 아니었던가. 그런 추측들을 해보게도 된다.

 아무튼 '어머니'와 '친구'의 부재는 망향가로서의 능률적인 구조에 결손으로 작용하는 것을 부인할 수 없다. 제2연에서 '아버지'와 '어머니'를 그리고 제3연에서 '나'와 더불어 '친구'를 함께 노래했더라면 더 조화롭고 효율적인 '고향을 그리는 노래'가 되지 않았을까 하는 생각이다. 약관의 젊은 나이에 생산된 작품을 놓고 완벽을 기대한다는 것은 지나친 욕심일까.

 감히 선인의 작품에 손을 댄 불경을 송구히 생각하면서 제2연과 제3연을 조심스럽게 다음과 같이 바꾸어 읊조려 본다.(밑줄 부분 필자가 첨부한 것임)

> 질화로에 재가 식어지고/ 비인 밭에 밤바람 소리 말을 달리면/
> 길쌈하신 어머니 곁 호롱불은 흔들리고/
> 엷은 졸음에 겨운 늙으신 아버지가/ 짚벼개를 돋아 고이시는 곳,
>
> 흙에서 자란 내 마음/ 파아란 하늘빛이 그리워
> 함부로 쏜 화살을 찾으러 친구와/ 풀섶 이슬에 함추름 휘적시던 곳

서정주의 「국화 옆에서」

한 송이 국화꽃을 피우기 위해
봄부터 솥작새는
그렇게 울었나 보다

한 송이 국화꽃을 피우기 위해
천둥은 먹구름 속에서
또 그렇게 울었나 보다

그립고 아쉬움에 가슴 조이든
머언 먼 젊음의 뒤안길에서
인제는 돌아와 거울 앞에 선
내 누님같이 생긴 꽃이여

노오란 네 꽃닢이 필라고
간밤엔 무서리가 저리 내리고
내게는 잠도 오지 않았나 보다
— 「국화 옆에서」 전문

「국화 옆에서」는 1947년(《경향신문》 11월 9일)에 발표된 작품으로 알려지고 있다. 그렇다면 미당(1915~2000)의 30대 초반에 만들어진 작품이다. 기발한 상상력과 탄력 있는 구성력이 돋보이는 수작이다. 미당이 서거하기 전후 그의 행적을 문제 삼는 사람들 가운데는 이 작품을 놓고 친일시니 혹은 이승만을 노래한 시니 하며 비난의 화살을 날리기도 했다. 작품 가운데 '노오란 꽃잎'의 그 황국黃菊은 일본 황실의 문장紋章이며 일본 제국주의의 상징이라고 전제하면서 국화꽃 탄생의 요인으로 제시된 소쩍새, 천둥, 먹구름, 무서리 등의 시어들은 『일본서기』와 『고사기』에 기록된 태양신 아마테라스 천황의 탄생 신화와 유사하다고 지적한다. 한편 이승만을 노래한 작품이라고 보는 견해는 이 작품이 발표된 1947년 미당은 당시 이승만 박사 기념사업회장인 윤보선(민중일보 사장)의 주선으로 이 박사와 자주 만나 대담도 하고 자료를 모아 이승만 전기를 집필했다고 밝힌다. 후일 이 박사를 회고하는 수필에 「이승만 박사의 곁」이 있는데, 제목들 중의 '곁'과 '옆'의 표현에도 주목할 일이라고 한다.

　첫째의 경우, 이 작품을 친일시로 보려는 견해는 온당치 못하다. 광복 이후에 굳이 친일시를 썼을 까닭이 없다. 만일 광복 이전에 쓰인 작품이라 하더라도 광복 이후에 발표할 이유가 없지 않은가. 그리고 일본 황실을 찬양하는 노래라는 입장에서 볼 때 '돌아와 거울 앞에 선 여인'에의 비유는 너무도 어울리지 않는다. 그리고 역경과 고난을 암시하는 소재들의 유사성은 개인과 민족을 초월한 원형심상으로 그 가능성을 설명할 수 없는 바가 아니다. 설령 미당이 일본의 신화적 구조에서 영향을 받아 이 작품을 만들었다고 가정하더라도 이는 표절이 아닌 새로운 시 작품으로 창조된 것이므로 그 문학적 가치를 따지는 것은 별개의 문제이다.

　둘째의 경우, 역경을 딛고 일어선 독립투사로서의 이승만을 노래했다고 보는 견해다. 만일 이승만을 국화에 비유했다면 그 국화는 오상고절의 전통적 이미지를 빌어 표현했을 것이다. 권능의 한 정치인을 젊음의 방황 길에서 돌아온 여인에 비유했다면 이는 난센스다. 보통의 재능을 가진 시인에게서도 그러한 발상은 기대될 수 없거늘 하물며 미당이 그러한 우를 범했을 리가 없다.

이 작품은 생명체의 신비한 형성과 그 성숙의 아름다움을 노래한 것이다. 미당 자신이 밝힌 것처럼 이 작품의 모티브는 중년기에 접어든 성숙한 여인의 아름다움일지 모른다. 그 생명체의 아름다움을 국화를 매체로 해서 그리고 있다. 여기서의 국화는 사실 별 의미가 없다. 국화 대신 가을철에 피어나는 다른 꽃이나 혹은 과일들 예컨대 사과나 감이나 모과와 같은 열매로 대치해도 상관없다. 이 작품의 제목이 「국화」가 아니고 「국화 옆에서」인 것임을 미루어 보아서도 국화가 주대상이 아님을 짐작케 한다.

하나의 생명체는 전 우주적인 모든 요소들의 총체적인 통합에 의해 형성된다. 한 그루의 나무를 보면 쉽게 짐작할 수 있다. 그 뿌리로는 물을 위시해서 얼마나 많은 흙 속의 요소들을 끌어들이고, 잎으로는 햇빛과 공기 등 또 얼마나 많은 것들을 흡수해 들이는가. 우주에 충만해 있는 삼라만상들 가운데 한 생명체의 성장에 관여하지 않는 사물은 하나도 없다. 시인은 한 생명체의 내부를 직시하면서 그것을 형성케 했던 과거의 회로들을 통찰한다. 그 뒤얽힘의 복잡한 회로의 가닥을 미당은 '소쩍새'와 '천둥'으로 명명했다. 국화가 생명체의 대유인 것처럼 소쩍새나 천둥 역시 생명체를 형성하는데 기여한 사물들의 대유에 불과하다. 소쩍새나 천둥 대신에 다른 매체를 끌어들여도 크게 문제될 것이 없다.

제3연에서는 순탄치 못한 생명의 길을 걸어 성숙에 이른 순치된 아름다움을 여인을 빌어 표현하고 있다.

그리고 제4연에 가서는 생명(국화)과 자연(서리)의 관계뿐만 아니라 주체인 나도 객체인 국화의 형성에 기여하는 요소이며 상호 통합의 공동체임을 암시한다.

　이 작품은 거의 완벽에 가까운 구조를 지닌 명작이다. 그러나 한 가지 아쉬움이 있다면 제3연의 끝에 사용된 직유다. '내 누님같이 생긴 꽃이여'라는 설명적인 직유가 작품의 긴장을 그만 맥없이 풀고 만 기분이다. 그보다는 그냥 '내 누님이여'라는 은유적 표현이 보다 더 절실하지 않을까 하는 생각이다. 그렇게 줄이면 7·5조류*가 주도하고 있는 이 작품의 율격 구조가 허물어진다고 불평할지 모른다. 그렇다면 '누님'의 자태를 드러내는 수식구를 앞에 붙여 리듬의 단절을 막을 수도 있으리라. 청초하고 우아한 중년의 여인을 어떻게 그리면 좋겠는가. 미당이 이 부분을 다시 고쳐 쓴다면 어떻게 했을까. 아마 그가 평소에 즐겨 쓰던 '눈썹'을 다시 끌어왔을지도 모른다. '눈썹도 푸른 내 누님이여'라고….

---

* 7·5조류 : 필자는 소위 7·5조와 더불어 이의 변형이라고 할 수 있는 8·5, 6·5, 5·5 혹은 7·7, 7·6, 7·4 등을 포괄하여 '7·5조류'라고 칭한다.

김수영의 「풀」

풀이 눕는다
비를 몰아오는 동풍에 나부껴
풀은 눕고
드디어 울었다
날이 흐려서 더 울다가
다시 누웠다

풀이 눕는다
바람보다도 더 빨리 눕는다
바람보다도 더 빨리 울고
바람보다 먼저 일어난다

날이 흐리고 풀이 눕는다
발목까지
발밑까지 눕는다
바람보다 늦게 누워도
바람보다 먼저 일어나고

바람보다 늦게 울어도
바람보다 먼저 웃는다
날이 흐리고 풀뿌리가 눕는다
　　―「풀」전문

「풀」은 김수영(金洙暎, 1921~1968)이 48세의 젊은 나이로 세상을 뜨기 바로 전에 발표했던 시인데 그의 어떠한 작품보다도 독자들의 사랑을 가장 많이 받아오고 있다. 나약한 민중과 거센 세파世波, 넓게는 미약한 생명체와 거대한 자연과의 관계를 상징적으로 다루고 있는 작품이라고 할 수 있다. 야유와 독설이 주도한 그의 일반적인 작품과는 달리 비교적 온건하고 쉽게 만들어진 가작이다.

유사한 구절들의 반복이 즐겨 구사되고 있는 이 작품의 의미 구조는 단순하다. 풀이 눕고·울고·일어나고·웃는다는 내용이다. 풀이 눕고 우는 것은 바람과 비와 흐린 날씨 때문이다. 그러나 풀이 일어나고 웃는 요인은 밝혀져 있지 않다. 이는 비와 바람이 그치고 날씨가 맑아지는 외적인 변화를 상대적으로 상정할 수 있으리라. 그러나 그런 외적 요인뿐만 아니라, 내적 요인인 풀의 의지도 관여하고 있음을 우리는 감지할 수 있다.

제1연은 비바람에 대한 풀의 1차적 체험이다. 비바람을 못 이겨 함께 눕고 운다.

제2연은 제1차적 체험에서 민감해진 풀이 바람이 불 징조를 보이면 바람도 불기 전에 먼저 눕는다. 또한 바람이 그칠 기미를 보이면 바람이 채 그치기도 전에 먼저 일어나기도 한다. 바람에 길들여진 풀이 민감한 반응을 보인다. 제2연에서는 풀의 의지가 작용한다.

제3연의 풀은 잘 단련된 풀이다. 바람이 어느 정도 불어도 버티며 있다가 나중에 눕는다. 일어나는 것도 바람이 아직 그치지 않았는데도 일어나서 웃는다. 좀더 강인해졌다고 할까, 아니면 약삭빨라졌다고나 할까. 그런데 눕는 것은 제1, 2연에서보다도 더 적극적이다. 날만 흐려도 발목까지 발밑까지 아니 풀뿌리까지 눕는다고 한다.

  제2연은 풀의 바람에 대한 순응 혹은 적응을 모색하고 있다면 제3연은 바람에 대한 저항 곧 적극적 대응 자세를 보이고 있다고 할 수 있다. 그런데 문제가 된 것은 제3연의 제1, 2, 3행(날이 흐리고 풀이 눕는다/ 발목까지/ 발밑까지 눕는다/)과 맨 끝행(날이 흐리고 풀뿌리가 눕는다)의 내용이다. 흐린 날씨 때문에 풀이 눕는 모습을 점층적으로 심화시켜 표현하고 있다. 발목까지, 발밑까지 드디어는 뿌리까지 눕는다고 했다. '눕는다'는 풀의 굴복적 행위가 날씨만 흐려도(아직 바람이 불지 않고) 적극적으로 감행된다. 바람에 대한 능동적인 대응자세(제4, 5, 6, 7행)와는 상반된 굴욕의 자세가 아닐 수 없다. 왜 같은 연 속에 이처럼 이율배반의 모순 구조를 지니게 했는가. 생명체(풀)와 환경(바람)의 역설적인 실존적 상황을 그렇게 표현하는 것이 능률적이라고 생각해서 일부러 그런 것일까. 그러나 쉽게 납득이 가지 않는다. 풀이 굴욕적으로 눕는 정황은 차라리 제2연(풀의 순응)과 아우르든지 아니면 제2연 다음에 새로운 한 연으로 독립시켜 삽입하는 것이 더 자연스럽지 않았을까. 제2연을 바람에 대한 순응 구조로 본다면 맨 끝행의 '먼저'도 '늦게'로 바꾼 것이 더 자연스러워 보인다.

  시는 이성보다는 감성이 주도하는 글이기 때문에 시에서 논리적 구조를 기대하는 것은 무리일지 모른다. 그러나 감성적인 글도 가급적 논리적 구조를 지닐 수만 있다면 그렇게 하는 편이 그렇지 못한 쪽보다 더 설득력을 갖는다.

    풀이 눕는다/ 비를 몰아오는 동풍에 나부껴/

풀은 눕고/ 드디어 울었다/
날이 흐려서 더 울다가/ 다시 누웠다//
풀이 눕는다/ 바람보다도 더 빨리 눕는다/
바람보다도 더 빨리 울고/ 바람보다 더 늦게 일어난다//
날이 흐리고 풀이 눕는다/
발목까지/ 발밑까지 눕는다/
날이 흐리고 풀뿌리가 눕는다//
풀이 눕는다/
바람보다 늦게 누워도/ 바람보다 먼저 일어나고/
바람보다 늦게 울어도/ 바람보다 먼저 웃는다

 제2연 제4행의 '먼저'를 '더 늦게'로 바꾸고, 제3연의 제1, 2, 3행과 8행을 하나로 묶어 새로운 한 연으로 독립시켜 전체 작품을 4연으로 재구성해 본 것이다. 굳이 이처럼 무모한 시도를 감행한 것은 이 작품의 전개 구조가 '시련→ 순응→ 굴욕→ 극복'의 통일성을 가졌더라면 하는 아쉬움 때문에서인 것이다.

김춘수의 「꽃」

내가 그의 이름을 불러 주기 전에는
그는 다만
하나의 몸짓에 지나지 않았다.

내가 그의 이름을 불러 주었을 때
그는 나에게로 와서
꽃이 되었다.

내가 그의 이름을 불러 준 것처럼
나의 이 빛깔과 향기香氣에 알맞는
누가 나의 이름을 불러다오.
그에게로 가서 나도
그의 꽃이 되고 싶다.

우리들은 모두
무엇이 되고 싶다.
너는 나에게 나는 너에게

잊혀지지 않는 하나의 눈짓이 되고 싶다.
　　―「꽃」전문

　「진달래꽃」이 소월에게 명성을 안겨준 것처럼 독자들로 하여금 김춘수(金春洙, 1922~2004)를 기억하게 만든 작품은 바로 이「꽃」이라고 할 수 있다. 비교적 초기에 제작된 이 작품은 작자의 개인적인 기호와는 무관하게 독자들의 사랑을 받고 있다. 사실 김춘수 자신은 이 작품에 대해 별로 의미를 부여하지 않을지도 모른다. 왜냐하면 그가 지향해 왔던 무의미 계열의 작품들과는 거리가 멀기 때문이다. 소녀적 감성에 호소하는 센티멘털 낭만적 작품이기는 하지만 사랑과 존재의 의미를 환기시키는 가작으로 평가할 만하다.
　작품의 의미 구조는 다음과 같이 단순하다.

　1) 내가 그의 이름을 부르기 전 그는 '몸짓'에 불과했다.
　2) 내가 그의 이름을 부르니 그는 나의 '꽃'이 되었다.
　3) 누가 내 이름을 불러다오 나도 그의 '꽃'이 되고 싶다.
　4) 우리들은 서로에게 그 무엇 - '눈짓'이 되고 싶다.

　감정의 갈등이나 정서의 굴절 같은 것도 별로 보이지 않는다. 내가 대상(그)을 인식하기(이름을 부름) 전에는 대상은 나에게 아무런 의미도 없는 존재(몸짓)였으리라. 내가 대상을 인식하고부터 나와 대상의 관계는 새롭게 이루어지고 대상은 비로소 나에게 가치 있는 존재(꽃)로 드러나게 된다. 존재의 가치는 서로의 관계 속에서 형성된다. 타자의 인식에 의해 나의 존재 의의도 드러내고 싶다. 누군가의 사랑을 받으며 나도 그의 소중한 존재이고 싶다. 우리들은 서로에게 소중한 존재로 자리하고 싶다. 대강 이러한 의미를 지닌 작품이다.

그렇다. 세상에는 많은 사람들이 존재하지만 그들 모두가 나에게 한결같이 소중하지는 않다. 나와 어떤 관계를 갖느냐에 따라 나에게 소중한 존재가 되기도 하고 그렇지 않기도 한다. 그 관계는 나의 관심의 소산이다. 내가 어떠한 관심을 갖느냐에 따라 우리는 연인이 될 수도 있고 생면부지의 남으로 머물고 말 수도 있다. 사물과 나의 관계도 마찬가지다. 내 정원에 옮겨 심은 한 그루 매화나무는 내게 소중한 존재가 되지만 내 시야 밖에 자리한 이역의 수많은 수목들은 내게 별 의미가 없다. 나도 다른 사람들의 관심의 대상이 되고 싶다. 그래서 그의 소중한 존재로 사랑 받고 싶다. 이 작품은 이러한 우리의 보편적이고 근원적인 욕망을 노래하고 있으므로 많은 사람들의 흉금을 울린 것으로 보인다.

이 「꽃」은 시집 『꽃의 소묘』(1959), 『부다페스트에서의 소녀의 죽음』(1959) 등에 수록된 것과 1982년 이후에 간행된 전집들[1] 에 수록된 내용이 약간의 차이를 지닌다. 끝에서 두 번째 행의 '나는 너에게 너는 나에게'가 '너는 나에게 나는 너에게'로 바뀌고, 마지막 행의 '의미'가 '눈짓'으로 교체되었다. 뒤에 출간된 전집의 작품을 개정된 정본으로 볼 수 있을 것 같다.

그런데 아무래도 그 '눈짓'이라는 시어가 마음에 좀 걸린다. '의미'라는 관념어보다는 감각적이라고 생각해서 그렇게 바꾸었을지 모르지만 작품 전체로 보았을 때 조화롭지 못한 것 같다.

제1연에서의 '몸짓'은 부정적인 의미를 담고 있는데 비해 제4연의 '눈짓'은 긍정적인 의미를 지니고 있다. 물론 '몸짓'은 무의미한 형상쯤으로 이해할 수 있고, '눈짓'은 서로의 영교靈交나 전심傳心의 동작쯤으로 해석을 못 하는 바는 아니다. 하지만 규모가 큰 '몸짓'을 부정적인 의미로 사용하면서, 규모가 작은 '눈짓'을 긍정적인 의미로 사용하는 것이

---

1. 『김춘수전집』(문장사, 1982), 『김춘수시전집』(서문당, 1986), 『김춘수전집』(민음사, 1994)

어딘지 좀 어색해 보인다. 뿐만 아니라, '눈짓'은 앞의 제2, 3연에서 제시된 '꽃'에 상응한 소중한 존재를 표상해야 하는 시어다. 아니, 꽃보다도 오히려 더 강렬한 느낌을 주는 시어가 '눈짓'의 자리에 놓였어야 하리라. 그래야 제4연의 제2행에서 '무엇'이 되기를 강조하는 문맥에도 어울린다. 그런데 그 '무엇'을 '눈짓'이라고 명명하며 마무리를 짓는 것은 실로 맥이 풀리는 서술이 아닐 수 없다. 계속 반복해서 사용하는 것이 단조롭다고 생각되어 '꽃' 대신 아마 '눈짓'을 끌어다 썼으리라. 추상적인 말이기는 하지만 차라리 '사랑'이나 '생명'쯤으로 바꾸어 썼더라도 오히려 더 나을 것 같다는 생각이 든다. 그렇게 바꾸어 놓으면 너무 통속적인가? 그렇다면 좀더 적절한 다른 시어를 찾아내지 못할 것도 없으리라. '눈짓'보다는 좀 덜 간지러운 말로….

이육사의 「절정」

매운 계절季節의 챗죽에 갈겨
마츰내 북방北方으로 휩쓸려오다

하늘도 그만 지쳐 끝난 고원高原
서리빨 칼날진 그 우에 서다

어데다 무릎을 꿇어야 하나?
한발 재겨디딜 곳조차 없다

이러매 눈감아 생각해 볼밖에
겨울은 강철로 된 무지갠가 보다.
　　—「절정」 전문

『원본 이육사전집』(집문당, 1986)에 수록되어 있는 이육사(李陸史, 1904~1944)의 현대시는 총 33편에 불과하다. 기록에 의하면 1930년부터 작품 활동을 시작했으니 14년 동안의 시작詩作인 셈인데 과작이라 아니할 수 없다. 그러나 대부분의 작품이 상당한 수준을 유지하고 있는 가작들이다. 《문장文章》(1940. 1.)에 발표되었던 「절정」은 「광야」와 더불어 육사의 대표작으로 자주 거론되고 있는 수작이다. 소품이긴 하지만 생존의 절박·처절함이 극적으로 구현된 작품이다. 작품의 내용을 연별로 정리해 보면 다음과 같다.

　제1연 : 화자는 시대의 가혹한 시련에 견디다 못해 드디어 북방으로 밀려왔다.
　제2연 : 하늘도 그만 지쳐 창조하기를 끝내버린 고원, 서릿발이 칼날처럼 날카롭게 돋아나 생명체가 안식할 수 없는 불모의 지역인데 그곳에 화자가 선다.
　제3연 : 하늘에 기구라도 해야 할까 보다. 그러나 그곳은 너무 협소해서 무릎을 꿀 수도 없다. 무릎을 꿇기는커녕 한 발자국 내디딜 여유도 없는 절박한 공간이다.
　제4연 : 그러니 차라리 눈을 감고(절박한 현실을 외면하고) 이런 생각으로 마음을 달랠 수밖에 '겨울은 강철로 된 무지갠가 보다'고 —.

　그런데 이 작품의 마지막 행이 적잖이 난해하다. 두 개의 복합 은유 구조로 되어 있다. '겨울은 무지개다'와 '무지개는 강철로 되어 있다'라는 두 은유의 결합이다. '겨울'과 '무지개'와 '강철'은 어떠한 동질성도 공유하고 있지 않다. 아니 동질성보다는 차라리 이질성이 강해 융화보다는 서로를 거부하는 입장들이라고 할 수 있다. 무겁고 견고한 불변의 특성을 지닌 '강철'과 아름답고 환상적인 가변의 특성을 지닌 '무지개'가 어떻게 연결될 수 있으며, 이런 '강철의 무지개'가 또한 어떻게 매서운 '겨울'과 결합이 가능한가? 논리적으로는 설명될 수 없는 역설이 아닐 수 없다. 그러나 시의 세계에서는 이러한 역설이 허용되기도 한다. 그리하여 시적 언술은 논리적 서술로는 성취될 수 없는 무애無涯의 경지에 손을 뻗기도 한다. 아니, 낯선 새로운 세계를 창조해낸다는 표현이 더 적절할지도 모른다.

　화자가 살고 있는 시대는 겨울과 같은 냉혹한 추위를 지니고 있다. 그 시대적 혹한은 화자의 능력으로는 어찌할 수 없는 '강철'과 같이 굳고 무거운 요지부동의 정황이다. 그러나 화자는 이 확고부동의 절대적 현실을 한 가닥 '무지개'와 같은 덧없는 환상이라는 생각으로 극복하고자 한다. 그러나 화자는 무지개를 통해 이 지상이 '덧없음'과 더불어 '아름답다'는 생각을 떨쳐버리지 못한다. 현실에 대한 원망과 체념과 애착의 미묘한 복합 정서를 이중의 은유 구조 속에 담았다. 좀 난해키는 하지만 이 작품의 시안詩眼에 해당한 요처라고 할 수 있다.

　수작이긴 하지만 자세히 들여다보면 이 작품에도 몇 군데 아쉬운 점이 없지 않다.
　첫째, 제2연의 첫 행 '하늘도 그만 지쳐 끝난 고원'은 어딘가 좀 어색한 감이 없지 않다. '하늘도 그만 지쳐 끝난'이 하늘의 상태를 그리는 것이라면 하늘이 고원에 와서 끊기었다는 표현이 된다. 그러나 이 시 속의 화자는 대지를 따라 쫓겨 오고 있기 때문에 하늘의 상태를 그리는 것이라기보다는 지상의 상태를 그리는 것으로 보는 것이 자연스럽다. 그렇다면 하늘이 이 대지를 창조하다가 지쳐서 고원으로 마무리를 지었다고 이해할 수 있다. 정확한 표현은 자동사 '끝난'이 아니라 타동사 '끝낸'으로 해야 할 것이다. 그래도 역시 어색하다. 그러니 '하늘'을 '大地'로 바꾸는 것이 어떨까 하는 생각이다. 대지도 지쳐 더 뻗어가지 못하고 고원으로 끝나는 마지막 궁지일 것이 아닌가.
　둘째, 제4연 첫 행의 '생각해 볼밖에'는 표현이 너무 미온적이고 체념

적이다. 화자의 절박한 심경과 강인한 의지가 누그러들고 말았다. '생각'이라는 말을 사용하지 않더라도 이어지는 다음의 행이 화자의 발언임은 알 수 있다. 그러니 이 구절은 '입술을 깨물 수밖에' 정도로 표현한다면 최후까지 살아있는 화자의 의지를 담을 수 있을 것 같다.

박재삼의 「울음이 타는 가을강江」

마음도 한자리 못 앉아 있는 마음일 때
친구의 서러운 사랑 이야기를
가을 햇볕으로나 동무삼아 따라가면
어느새 등성이에 이르러 눈물나고나

제삿날 큰집에 모이는 불빛도 불빛이지만
해질녘 울음이 타는 가을강江을 보것네

저것 봐, 저것 봐
네보담도 내보담도
그 기쁜 첫사랑 산골 물소리가 사라지고
그 다음 사랑 끝에 생긴 울음까지 녹아나고
이제는 미칠 일 하나로 바다에 다 와가는
소리 죽은 가을강江을 처음 보것네.
—「울음이 타는 '가을강江'」전문

어떠한 연유 때문에 그리 되었는지는 잘 알 수 없지만 「울음이 타는

「가을강江」은 박재삼(朴在森, 1933~1997)의 대표작인 것처럼 널리 알려져 있다. 중후한 시정을 담고 있는 문제작도 아니고 그렇다고 표현의 기법이 두드러진 가작이라고 할 수도 없다. 좀 심하게 말하면 사춘기적 감상을 아직도 벗어나지 못한 화자의 센티멘털한 독백에 지나지 않는다. 우선 작품의 내용을 각 연별로 대강 살펴보기로 하자.

제1연 : 마음도 안정감을 못 느끼고 뒤숭숭할 때 친구의 비극적인 사랑이야기를 생각하며(친구와 동행하는 것으로 생각할 수도 있지만 그렇게 이해하는 것은 자연스럽지 못하다) 가을 햇볕을 받고 걸어가면 어느 새 산등성이에 이르게 되고, 슬픔이 북받쳐 눈물을 쏟게 된다.
제2연 : (산등성이에 올라서면) 제삿날 큰집(화자의)에 모이는 불빛도 불빛이지만 그보다도 석양의 노을빛이 타는 듯 붉게 물든 가을 강을 보게 된다.
제3연 : (강을 향해 감격함) 저것 봐, 네(실연한 친구)보담도 내(슬픔에 젖어 있는 나)보담도 (우리들의 문제는 별것도 아니라는 뜻인가 보다), 산골 물소리의 즐거움(첫사랑의 기쁨)도 사라지고, 사랑의 끝(비극)에 생긴 울음도 사라지고, 미칠 일(노을에 젖은 황홀한 강) 하나로 바다에 다 와 가는 소리 죽은(기쁨과 울음) (여러 고비를 다 넘기고 말년에 이른 인생을 생각게 함) 가을강을 처음 체험한다.
이 작품의 구조는 제1연은 친구의 슬픈 사랑 이야기가 주도한다. 제3연은 해질녘의 가을강의 이야기다. 그 강을 울음이 타는 가을강이라고 표현하고 있다. '울음' 속에는 시적 화자의 슬픈 정조와 강이 지닌 소멸의 비극성이 공존하고 있다. '타는'은 그러한 비극성을 강물에 비친 놀빛을 통해 시각화하고 있는 은유적 구조다. '울음이 타는'은 이 작품에서 시적 성취도가 가장 높은 구절이라고 할 만하다. 이 작품이 많은 사람들에게 사랑을 받게 된 것은 아마도 이 구절이 지닌 매력의 소치가 아닌가 생각되기도 한다.

　그런데 문제가 되는 것은 제2연이다. 화자가 산등성이에 올라서서 새롭게 전개되는 정황을 제시하고 있다. '제삿날 큰집에 모인 불빛도 불빛이지만'은 현실적인 정황 같지는 않다. 만일 현실적인 상황이라면 산등성이에서 바라다보는 마을의 조망이리라. 제삿날을 맞은 큰집에 여기 저기 걸린 등불이나 혹은 모닥불을 상상할 수 있다. 그러나 지금은 시간적 배경이 '해질녘'이어서 아직 불을 밝힐 만한 시간도 아니고 또한 불빛이 드러날 만큼 어두운 저녁도 아니다. 그러니 이 구절은 현실적인 정황을 제시한 것이 아니라 화자가 과거에 겪었던 체험의 한 가닥을 끌어다 보인 것이라고 할 수 있다. 이는 놀에 물든 가을 강의 정취를 그리기 위해 대비적으로 끌어들인 체험 속의 한 정경이다. 조부의 제삿날쯤으로 생각할 수도 있으리라. 큰댁에 후손들이 모여 제사 준비를 하노라고 분망한 저녁이다. 방과 부엌은 말할 것도 없고 마루와 뜰 마당 할 것 없이 많은 등불들이 환하게 걸려 있다. 그 등불들이 화자에게 어떤 애틋한 정감을 불러일으켰던 것 같다. 강물의 놀빛을 보자 화자는 그 제삿날 불빛이 떠올랐던 것일까. 그래서 제삿날의 불빛도 무척 애잔하기는 하지만 저 놀이 물든 가을 강은 울음이 타는 것 같다고 말했으리라. 그러나 나의 이러한 해석은 어쩌면 견강부회에 지나지 않을지도 모른다.

　작자가 어떠한 의도로 제2연의 첫 구절을 그렇게 구사했는지 분명히 알 수는 없지만, 어떻게 이해해도 전후가 잘 조화롭게 어울리지 않는다는 느낌을 지울 수가 없다. 제2연은 제1연에서의 화자의 정조가 전환되는 하나의 분수령이다. 그것은 실제로 산등성이에 올라서면서 전개되는 황홀한 노을 강을 목도하면서 갑자기 겪게 되는 정서적 전환을 표현하고 있다. 그렇다면 '제삿날 큰집에 모이는 불빛도 불빛이지만'은 독자에게 정서적 전환을 일으키는데 오히려 혼란을 야기하는 장애적 요인으로 작용한다. 이 구절 대신에 차라리 제3연의 첫 구절인 '저것 봐 저

것 봐'를 끌어다 쓴다면 정서적 전환이 보다 극적으로 이루어지지 않겠는가.

저것 봐, 저것 봐/ 해질녘 울음이 타는 가을江을 보것네//

아니면, 제2연을 아주 없애버리고 '해질녘 울음이 타는 가을江을 보것네'의 구절을 작품의 맨 끝행으로 마무리 지으면 어떻겠는가. 시의 클라이맥스를 작품의 끝에 설정하는 것도 괜찮을 듯싶다.

윤동주의 「서시」

①죽는 날까지 하늘을 우러러
②한 점 부끄럼이 없기를,
③잎새에 이는 바람에도
④나는 괴로워했다.
⑤별을 노래하는 마음으로
⑥모든 죽어 가는 것을 사랑해야지
⑦그리고 나한테 주어진 길을
⑧걸어가야겠다.

⑨오늘 밤에도 별이 바람에 스치운다.
　　―「서시」 전문(각 행 앞의 번호는 필자가 붙인 것임)

　윤동주(尹東柱, 1915~1945)의 유고시집 『하늘과 바람과 별과 시』(정음사, 1948)에 수록되어 있는 31편의 작품 가운데 일반인의 사랑을 가장 많이 받고 있는 작품이 바로 이 「서시」라고 한다. 그래서 이 「서시」가 마치 윤동주의 대표시처럼 되고 말았다. '서시序詩'란 작품집의 머리에 서문 대신 놓인 시로서 가극歌劇에서의 서곡序曲처럼 도입을 유도하는 역할을 한다. 말하자면 본격적인 작품들 앞에 덧붙여진 부수적인 글(액세서리)이라고 할 수 있다. 그런데 그 '서시'가 한 시인의 대표시처럼 대접받는다는 것은 어딘가 좀 개운찮은 느낌이 없지 않다. 왜냐하면 이는 윤동주의 여타의 시들 중 이「서시」를 능가할 만한 작품이 없다든지, 아니면 작품에 대한 독자들의 분별력을 문제 삼지 않을 수 없기 때문이다.

전자의 경우라면 이「서시」가『하늘과 바람과 별과 시』에 수록된 어떠한 작품보다도 뛰어나다는 얘기가 된다. 서곡이 명곡이 될 수 있는 것처럼 서시가 명시가 되지 말라는 법은 없다. 그러나 내가 보기엔 이「서시」가 발군의 작품처럼 생각되진 않는다. 의미도 별로 대단치 않고 그렇다고 시적 감각이 뛰어난 것도 아니다. 유한한 생명들에게 연민의 정을 가지고 부끄럽지 않게 살아가겠다는 다짐을 적은 짧은 글에 지나지 않는다. 그런 정도의 생각은 건전한 삶을 살아가고자 하는 보통사람들의 낙서장에서 흔히 만날 수 있을 것 같기도 하다. 내용이 새로운 것도 아니고, 표현이 특이한 것도 없다. 그런데도 이 작품이 사랑을 받는 것은 무엇 때문인가?

어떤 이는 이 작품의 구조를 기호론적인 입장에서 다음과 같이 분석하여 설명하기도 한다. 즉

① ~ ④행의 의미구조가 '하늘'과 '땅(잎새)'과 '사람(나)'의 대립이며, 이는 다시 ⑤ ~ ⑧행에서 '별(하늘)'과 '죽어 가는 것들(땅)'과 '나(사람)'로 반복 전개되고 있는 천지인天地人의 구조라는 것이다. 또한 서술의 형태로 보아 ① ~ ④행은 과거시제, ⑤ ~ ⑧행은 미래시제 그리고 ⑨행은 현재시제라고 분석해 보이고 있다. 한편 상황적 의미구조를 '별:어둠 vs 나:바람'의 관계로 파악하고 다음과 같이 의미 부여를 한다.

별이 밤에 의하여, 말하자면 어둠에 싸여 비로소 빛나듯이, 나는 바람에 싸여 비로소 생명과 사랑의 빛을 얻어냅니다. 잎새에 이는 바람에 괴로워하는 부정의 밤이 있기에, 모든 죽어 가는 것을 사랑하는 긍정의 마음이 생성됩니다. 어느덧 별과 밤의 관계는 나와 바람의 관계와 같은 패러다임을 형성합니다.

— 이어령,「어둠에서 생겨나는 빛의 공간」『시 다시 읽기』(문학사상사, 1995) p.243

외견상 그럴 듯해 보이는 분석이기는 하다. 그러나 이러한 분석은 이 작품의 구조적 특성을 설명하는 것이지 이 작품의 우월을 증명하는 자료가 되는 것은 아니다. 즉 이 작품이 '천지인'의 대립구조를 지녔기 때문에 그리고 '과거+미래+현재'의 서술구조를 지녔기 때문에 훌륭한 작품이라는 설명은 되지 않는다. 대립의 구조나 시제의 양상 그 자체가 작품의 우열을 판별하는 요소는 아니기 때문이다. 달리 말하면 이와 다른 구조들도 얼마든지 좋은 작품이 될 수 있고, 혼합 시제가 아닌 단순 시제로 서술된 명작들도 얼마든지 있다. '어둠'과 '바람'의 관계에 대한 설명 역시 작품을 이해하는 데는 도움이 될지 모르지만「서시」가 명시라는 증거의 자료는 될 수 없다. 설령 이 작품이 앞의 분석처럼 그렇게 조화롭고 심오한 구조를 지니고 있어서 높이 평가할 만하다고 치자. 그러나 대중들이 이 작품을 좋아하는 것은 그러한 구조를 이미 파악하고 있기 때문에 그런 것은 아니다.

그렇다면「서시」의 무엇이 그렇게 대중들의 마음을 사로잡는단 말인가?

첫째, 이 작품이 지니고 있는 감상성(센티멘털리즘) 때문이라고 본다. 이 작품은 ⑦⑧행을 제외하고 나머지 모든 행들이 다 사춘기적 감상感傷을 담고 있다. 그 감상은 괴로움, 죽음, 사랑 등의 정서가 별과 바람이라는 신비로운 무형의 사물에 얹혀서 빚어지는데, 그것이 감상적인 독자들에게 호소력을 가진 모양이다. 현대시의 독자층은 남성보다는 여성이, 장년층보다는 청소년층이 주도하고 있다는 사실로 미루어볼 때 납득이 안 가는 것도 아니다.

둘째, 「서시」가 지닌 평이성을 지적할 수 있다. 현대시가 독자들로부터 소외된 중요한 이유는 난해성인데 이 작품은 이해하는데 크게 장애가 되는 요소를 지니고 있지 않다. 그래서 독자들이 쉽게 접근할 수 있는 이점으로 작용했던 것 같다.

셋째, 「서시」뿐만 아니라 윤동주 시 전반에 걸쳐 독자들이 좋아한 것은 작자에 대한 애정 때문인 것으로 보인다. 비운의 시인 윤동주에 대한 동정이 그가 극적으로 남긴 유고시집 『하늘과 바람과 별과 시』를 향해 드러났던 것 같다. 29세의 젊은 나이로 일제日帝에 의해 이국의 형무소 [福岡]에서 안타깝게 옥사한 그의 비극적인 생애가 독자들에게 연민의 정을 불러일으킬 만도 하다.

우리는 작자와 작품의 관계를 지나치게 유기적으로 생각하는 습성이 없지 않다. 작품을 평가할 때 작자의 생애와 불가분의 연관을 지어 따지려 한다. 반민족적인 행위를 한 작가는 비록 작품이 좋더라도 정당한 평가를 받지 못하는가 하면, 또한 그 역으로 지사적인 삶을 산 작가의 작품은 실제보다 후한 평가를 받기도 한다. 한 작가의 생애와 작품이 공히 독자들의 마음을 충족시킬 수 있다면 얼마나 좋겠는가. 그러나 한 작가의 삶이 독자들의 가치관에 따라 살아지기를 바라는 것은 지나친 욕심이다. 우리가 상품을 고를 때 생산자의 삶을 고려하지 않는 것처럼 작품은 작가와 독립해서 평가하는 것이 마땅하다. 미국의 세계적인 시인 E. L. 파운드는 2차 대전 중 반국가적인 행위 때문에 국가로부터 규탄을 받았지만, 그것 때문에 그의 작품들이 불리한 평가를 받은 적이 없다.

우수한 작품들이 작자의 생애에 대한 거부감 때문에 제대로 평가받지 못한 것도 불행이지만, 작자에 대한 존경이나 연민 때문에 작품이 실제보다 높이 평가되는 것도 바람직하지 못한 일이다. 작품을 냉정하고 객관적으로 바라다보는 수준 있는 안목이 필요하다. 윤동주를 사랑하는 독자들의 견해는 다를지 모르지만, 겨우 20대 중반에 쓰인 윤동주의 작품들은 아직 습작기를 크게 벗어나지 못한 감상적인 서정시에 지나지 않는 것으로 생각된다.

제3부

옛시 골라 읽기

고대시가 「구지가龜旨歌」

龜何龜何　거북아 거북아
首其現也　머리를 내놓아라
若不現也　내놓지 않으면
燔灼而喫也　구워서 먹으리

　주지하는 바와 같이 이 노래는 『삼국유사』의 〈가락국기〉조에 수로왕首露王의 건국 설화와 함께 전해지고 있는 고대시가다. 당시에 우리말을 그대로 표기할 문자가 없었으므로 한자를 빌어 옮겼기 때문에 이 노래의 원래 모습을 지금으로서는 돌이킬 길이 없다. 편의상 위와 같은 내용의 우리말로 바꾸어 세상에 알려지고는 있으나 그것이 무슨 뜻인지도 정확히 알 수 없다.

　설화에 의하면 임금이 없이 지내던 구간九干들에게 신이 계시하기를 '구지봉龜旨峰의 흙을 파면서 이 노래를 부르면 왕을 맞이할 수 있으리라'고 했다는 것이다. 그대로 했더니 하늘에서 황금알이 여섯 개 내려왔다. 이 알 속에서 여섯 동자들이 나와 6가야의 왕들이 되는데 그 우두머리가 수로라고 한다. 말하자면 신이 점지한 왕을 맞는 주술가인 셈이다. 그래서 이 노래를「영신군가迎神君歌」라 부르기도 한다.

　이 노래에 대한 학자들의 해석은 구구하다. 거북(龜)이 무엇을 뜻하는가에 대한 의견만도 분분하기 짝이 없다. 어떤 이는 '거북'은 '검'과 통한다고 하여 신으로 보려는데 반하여, 선신善神에 대한 위협은 불가하다고 반론을 제기하는 이도 있다. 또 거북을 제단의 제물로 보려는 이도 있는데, 거북을 제물로 바친 풍습이 어떤 민속에서도 찾아볼 수 없다며 이를 부정하기도 한다. 맞이할 군주를 상징하는 것으로 보는 견해도 있으나 주술적인 노래가 상징성을 띤다는 것은 자연스럽지 못하다고 반박하기도 한다. 그런가 하면 거북은 가락국 연안민沿岸民의 토템일 것이므로 출생할 아이 자체를 가리키는 것이라 하여 이는 순산順産을 기원하는 노래라고 주장하기도 한다. 순조로운 출산이 되기 위해서는 아이가 머리부터 나와야 되기 때문이라는 것이다. 또 어떤 이는 기발하게도 남성상징으로 보기도 한다. 당시만 해도 여성이 남성 위에 군림한 모계중심사회였으므로 이 노래는 여성이 남성을 협박하는 구애가라는 것이다.

　그런데 '수首'를 '머리'로 보지 않고 '우두머리' 즉 지도자(왕)로 본다면 '구龜'는 우두머리를 관장하는 주체로 생각할 수 있다. 즉 절대적 존재다. 구지산龜旨山의 산신山神으로 보아 무방하리라. 그러니 '구하龜何'는 구지봉 산신을 부르는 말이다. 그런데 문제는 '구워서 먹겠다'는 결구가 신을 향한 으름장이 된다면 어울리지 않는다. 그래서 먹는 대상을 신으로 보지 말고 제단 위의 제물로 생각하면 어떨 것인가. 어쩌면 해안민족이어서 싱싱한 해물들을 제물로 올렸을지 모른다. 만일 신이 우리의 소원을 들어주지 않으면 진수성찬의 저 제물을 신께 드리지 않고 우리가 구워서 그냥 먹겠다는 것은 아닐까. 조금 옹색스럽기는 하지만 그러한 해석도 가능하리라. 그래서 이 노래를 다음과 같이 옮겨 본다.

구지봉이시여, 구지봉이시여,/ (우리) 우두머리를 내놓으시오/
만일 내놓지 않으시면/ (제물을) 구워 먹어 버리리

한편 『삼국유사』〈수로부인水路夫人〉조에「해가사海歌詞」라는 노래가 전해지고 있는데 가사의 내용이「구지가」와 유사한 데가 많다.

龜乎龜乎出水路　掠人婦女罪何極
汝若傍逆不出獻　入網捕掠燔之喫

거북아 거북아 수로부인을 내놓아라
남의 부녀 앗아간 죄 얼마나 큰가
너 만약 거역하여 내놓지 않으면
그물로 잡아 구워서 먹으리

설화에 의하면 성덕왕 때 순정공이 강릉태수로 부임해 가는 도중 임해정臨海亭이라는 바닷가에 이르러 점심을 먹는데 바다의 용이 갑자기 나타나 그의 부인 수로를 끌고 바다 속으로 들어가 버렸다. 이에 공이 어찌할 바를 몰라 허둥대고 있는데, 곁에 있던 노인이 이르기를 여러 사람이 모여 이 노래를 부르며 언덕을 치라고 했다. 그래 그대로 하였더니 용이 부인을 받들고 다시 나왔다는 얘기다.

두 노래가 다 주술가인데 재미있는 것은 '首露'와 '水路'의 음이 같다는 것이다. '水路'를 구하기 위한 방편으로 '首露'를 맞을 때 불렀던「구지가」의 형식을 모방한 것이라고 볼 수 있다. 말하자면「해가사」는 널리 알려진 주술가「구지가」를 패러디함으로써 그 주술성을 빌어오고자 한 것으로 보인다.

아무튼 우리의 옛 노래들의 출발은 주술성과 무관하지 않다. 후대의 향가에서도 그러한 흔적들을 적잖이 발견할 수 있다. 그래서 나는 우리 노래의 연원을 제의祭儀에서의 주사呪詞에 두고자 한다. 노래나 시가 우리들의 염원을 담은 언술인 것을 인정한다면 시의 뿌리를 주사에까지 끌어올리는 일은 결코 부자연스럽지 않다. 그렇다면 시인의 이름으로 불릴 수 있는 최초의 사람들은 샤먼[巫覡]이라고 할 수 있지 않겠는가. 현대의 시인들은 주력을 잃어버린 불행한 샤먼들이다.

충담사의 「찬기파랑가」

　도솔가兜率歌 혹은 사뇌가詞腦歌로 불리기도 하는 향가는 우리의 상대 시가가 그 형식의 산만성을 지양하고 정제整齊된 틀 속에 자리잡게 된 최초의 정형적인 노래다. 주지하다시피 4구체, 8구체, 10구체의 틀이 있는데 4구체는 민요에 가까운 노래이고, 문학성이 높은 가장 발달된 양식이 10구체라고 할 수 있다. 『삼대목三代目』이라는 향가집이 있었다고는 하나 망실되어 그 내용을 알 길이 없고, 현전하는 향가는 『삼국유사』에 14수, 『균여전』에 11수 등 겨우 25수에 지나지 않는다. 또한 향가는 한자의 음音과 훈訓을 빈 향찰鄕札로 기록되어 있으므로 그 노래의 참 모습을 되살리기가 참으로 난감하다.

　　咽嗚爾處米/ 露曉邪隱月羅理/
　　白雲音逐于浮去隱安支下/
　　沙是八陵隱汀理也中/ 耆郎矣兒史是史藪邪/
　　逸烏川理叱磧惡希/ 郎也持以支如賜烏隱/
　　心未際叱肹逐內良齊/ 阿耶 栢史叱枝次高支好/
　　雪是毛冬乃乎尸花判也

열치매/ 나토얀 ᄃ리/
힌구름 조초 ᄯ가ᄂ 안디하/
새파른 나리여히/ 기랑이 즈시 이슈라/
일로 나릿 ᄌ벽히/ 낭郎이 디니다샤온/
ᄆᄉ미 ᄀᄎ홀 좇누아져/ 아으 잣ᄉ가지 노파/
서리 몯누올 화판花判이여
(양주동 해독)

『삼국유사』에 수록된 향가는 대개 배경 설화와 함께 전하고 있다. 그런데 이「찬기파랑가」는 배경 설화가 없어서 어떤 연유로 만들어진 것인지 잘 알 수가 없다. 다만 〈경덕왕 충담사 표훈대덕〉조에 보면 경덕왕이 충담사를 불러「안민가安民歌」를 짓게 하기 전에 다음과 같이 대화하는 장면이 기록되어 있다. '내가 듣자니 스님의 기파랑을 찬미한 사뇌가가 그 뜻이 매우 높다고 하던데 과연 그러하시오?'하고 왕이 묻는다. 이에 충담사가 그렇다고 대답하자, 왕은 '그러면 나를 위하여 안민가를 지어 주시오'하고 청한다. 이 기록을 통해서 알 수 있는 것은「찬기파랑가」의 작자가 충담사인 것과 이 노래가 왕도 알고 있을 정도로 유명했으며 또한 노래의 뜻이 매우 높다는 사실이다. 이 노래를 짓게 된 동기라든지 주인공인 기파랑의 정체에 대해서는 전한 바가 없다. 다만 고매한 인품을 지녔던 기파랑을 추모하는 노래로 짐작될 뿐이다. 그런데 이 노래에 담긴 비유가 예사롭지 않다. 양주동의 해독을 현대말로 옮기면 대강 이러하다

(창문을) 열어제치니/ 나타난 달이/
흰 구름 좇아 떠가는 것 아닌가/
새파란 시내에/ 기랑의 모습이 있도다/

일오천逸烏川의 자갈에/ 낭郎이 지니신/
마음의 끝을 따르고저/ 아아, 잣나뭇가지 높아/
서리도 못 누울 화랑이시여

기랑의 인품을 천상의 밝은 달과 지상의 맑은 물에서 본다. 한편 일오천의 잘 닦인 자갈에서 화자는 오랜 수련으로 얻어진 기랑의 원만성을 발견하고 이를 흠모하며, 높은 잣나무를 통해서는 기랑의 지절성志節性을 보고 이를 찬미한다.
 다음은 김완진의 현대어 해독이다.

흐느끼며 바라보매/ 이슬 밝힌 달이/
흰 구름 따라 떠간 언저리에/
모래 가른 물가에/ 기랑의 모습이올시 수풀이여/
일오逸烏내 자갈 벌에서/ 낭郎이 지니시던/
마음의 갓을 좇고 있노라/ 아아, 잣나무 가지 높아/
눈이라도 덮지 못할 고깔이여.

 슬픔에 젖은 화자가 하늘의 달을 쳐다본다. 시냇가의 잣나무 숲이 하늘 높이 솟아있는 것이 마치 기랑의 모습처럼 위풍당당하다. 화자는 일오천 자갈밭에서 기랑의 고매한 마음을 흠모한다. 기랑을 눈도 제압하지 못할 잣나무 높은 가지 같다고 기린다.
 무성한 잣나무 숲을 천상의 달에까지 끌어올려 상응케 함으로 기랑의 드높은 인품을 현시하는 것으로 달리 해독하고 있다. 기랑의 절조로움을 눈서리를 이겨내는 잣나무로 해석하는 결구 부분은 양주동의 생각과 별 차이가 없다.
 이 밖에도 이 작품은 많은 학자들에 의해 다양하게 해독되고 있다. 약간의 차이들은 있지만 달의 광명성과 물의 정결성 그리고 잣나무의 지절성으로 기랑의 고매한 인품을 노래한 작품으로 보는 데는 크게 다르지 않다. 비유를 상징의 수준으로 끌어올린 작자의 유현한 기교를 맛보게 한다. 도대체 기랑이 어떤 인물이었기에 이러한 절창을 노래하게 된 것일까. 아마 백성들이 크게 흠모했던 화랑이었으리라. 충담은 이 노래로 말미암아 경덕왕의 인정을 받고「안민가」를 짓는다.

> 군君은 아비요/ 신臣은 사랑하시는 어미요/
> 민民은 어리석은 아이라고/ 하실진댄 민民이 사랑을 알리라./
> 대중大衆을 살리기에 익숙해져 있기에/ 이를 먹여 다스릴러라./
> 이 땅을 버리고 어디로 가겠는가/ 할진댄 나라 보전保全할 것을 알리라./
> 아아, 군君답게 신臣답게 민民답게/ 한다면 나라가 태평을 지속하리라.
> (김완진 해독)

지배계급들이 어버이처럼 백성을 사랑하여 잘 먹여 살려야만 백성이 그 사랑을 알고 나라를 버리지 않을 것이다. 그러니 나라를 보전코자 하면 임금은 임금답게 신하는 신하답게 백성은 백성답게 자기의 직분을 다해야 한다는 교훈적인 노래다. 어느 시대를 막론하고 지배계급들이 가슴속에 깊이 새겨야 할 진리의 노래가 아닐 수 없다.

최치원의 「추야우중秋夜雨中」

秋風惟苦吟　가을바람만 애처로이 부는데
世路少知音　세상길엔 내 마음 아는 이 없네
窓外三更雨　한밤중 창밖에는 비만 내리는데
燈前萬里心　등불 앞 마음은 만리를 달리네
　―「秋夜雨中」(비 내리는 가을 밤)

　화자의 외롭고 쓸쓸한 마음을 자연물[秋風, 三更雨]에 의탁해서 효율적으로 잘 표현해 내고 있는 가작이다. 낙엽이 지는 가을, 마른 나뭇가지를 스치는 바람소리는 스산하기 이를 데 없다. 그것도 부슬부슬 비가 내리는 한밤중이라니…. 자신을 이해해 주는 이[知音]는 아무도 없는 세상, 밤 깊도록 잠자리에 들지 못하고 등불을 밝히고 있다. 등불을 대하고 앉아 있으려니 여러 가지 생각들이 머리를 스치며 지나간다. 그 생각을 '만리심萬里心'이라고 했다. 만리심이란 무엇인가? 이 만리심이 이 작품의 시안詩眼이며 요체要諦라고 할 수 있다.

　고운孤雲 최치원(崔致遠, 857~?)은 신라 말의 유학자이며 저명한 문인인 동시에 한국 도교의 비조鼻祖로 알려진 분이다. 육두품六頭品 귀족 가문에서 태어난 그는 신라의 국운이 기울어가던 시절, 12세의 어린 나이로 당나라 유학의 길에 오른다. 그는 젊은 나이에 외국인을 상대로 한 과거 빈공과賓貢科에 합격하여 잠시 지방관으로 근무한다. 그러나 얼마 지나지 않아, 당시 세력가였던 절도사 고변(高騈, 821~887)의 휘하로 들어가 그의 종사관從事官이 된다. 마침 황소黃巢의 반란이 일어났을 때 「토황소격문討黃巢檄文」을 지어 그의 문명을 천하에 떨친다. 그러나 조국에 돌아와 청운의 뜻을 펼쳐 보겠다는 꿈이 어찌 없었겠는가. 그래서 29세의 청년 최치원은 헌강왕憲康王 11년(885)에 귀국하게 되고 한림학사翰林學士 등의 관직을 받는다. 그러나 진성여왕의 난정亂政으로 말미암아 견훤 궁예 등의 반란 세력이 창궐하여 난세에 접한다. 이 난국을 바로잡기 위해 시무책時務策을 임금께 올리나 시행되지 못하고 주위의 질시하는 무리들에게 밀려 벼슬길을 떠나고 만다. 이후 현실을 버리고 시문을 즐기며 명승지를 유람하다가 만년에 가야산에 들어 은거한다.

「추야우중」의 제작 연대가 분명히 밝혀져 있지는 않다. 어떤 이는 외로운 객지 생활을 하던 당나라 유학 시절의 작품으로 보려고 한다. 그래서 '만리심'을 고국을 향해 달리는 향수로 설명하기도 한다. 그렇게 이해하지 못할 것도 없기는 하다. 그러나 이 작품에 서려 있는 시풍詩風으로 보았을 때, 29세 미만의 청년 소작으로 보기에는 어딘가 미진함이 없지 않다. '토황소격문'을 썼던 패기 넘치는 청년기에 이런 작품이 나왔을 것 같지가 않다. 가을 비바람 소리에 잠 못 든 젊은이를 상상하는 것도 자연스럽지 않다. 이 작품에는 작자의 연륜이 서려 있어 보인다. 생에 대한 혹은 세상에 대한 깊은 고뇌가 엿보인다. 따라서 이 작품은 청년기가 아닌 장년기 이후의 작품으로 보는 것이 좋을 것 같다. 아마도 가야산에 은거해 지내던 만년의 작품이 아닌가 추정된다. 또한 이 작품이 당나라 시절의 문집인 『계원필경桂苑筆耕』에 수록되지 않았다는 사실이 이를 방증하는 자료가 되기도 한다. 그렇다면 도대체 그 '만리심'은 무엇인가? 무엇을 향한 만리심이란 말인가?

고국에 대한 향수가 아니라, 오히려 바다 건너 멀리 떨어져 있는 당나라를 향한 그리움이란 말인가? 패기 넘치던 젊은 시절을 되돌아보는 연민의 정일까? 만리심에는 과거를 향한 개인적인 연민의 정도 없지 않겠지만 그보다는 인간 존재의 고뇌가 서려 있는 것으로 보인다.
『고운선생문집』에는 '만리심萬里心'이 '만고심萬古心'으로 되어 있다. 전자는 공간적 개념이 주도하고, 후자는 시간적 개념이 주도하는 시어다. 그런데 역사에 집착하는 '萬古'의 개념과는 달리 '萬里'는 시공을 아우르는 포괄성을 갖는다. 말하자면 '만리심'은 천고의 역사와 우주 공간을 오르내리는 아스라한 사유라고 할 수 있다. 유구한 역사 위에 놓인 짧은 인생, 무한한 우주를 바라보는 왜소한 인간…, 만리심에는 이처럼 무궁한 시공時空에 대한 유한자 인간의 삭연索然함이 담겨 있다. '고운孤雲'이라는 아호雅號의 의미를 새삼 떠오르게 하는 구절이기도 하다.

기구起句를 '추풍에도 오직 애써 시만 읊을 뿐'으로 해석하는 이도 있다. '음吟'은 원래 시를 읊조리는 것이니 화자를 주체로 삼은 것이리라. 그러나 그렇게 해석하면 결구結句의 분위기와 잘 어울리지 않는다. 시를 읊조리면서 등불 앞에서 '만리심'을 자아낸다는 것이 자연스럽지 못하다. 동적인 화자보다는 정적인 화자가 어울린다. 따라서 '吟'의 주체를 화자로 보기보다는 '추풍'으로 보는 것이 적절하다. 소소한 가을바람 소리가 괴로이 시를 읊듯 들리는 정황이다.

승구承句의 '지음知音'은 『열자列子』에서 유래된 말이다. 주지하다시피 백아伯牙의 거문고 소리를 그의 벗 종자기鐘子期가 잘 알아주었는데, 종자기가 세상을 떠나자 백아는 자신의 소리를 아는 이가 없다 하여 거문고 줄을 끊고 말았다는 고사에서 생겨난 말이다. 지음은 마음이 서로 통하는 친한 벗 곧 지기知己를 뜻한다. 그러나 이 시에서는 굳이 지기로 한정하기보다는 자신의 생각과 포부를 이해해 주는 현명한 인물쯤으로 해석해도 무방할 것 같다.

정지상의 「취후醉後」

　정지상(鄭知常, ? ~ 1135)은 고려 전기를 대표하는 시인으로 평가되고 있다. 예종 7년(1112) 진사과에 장원 급제하여 조정에 들어간 후 뛰어난 시문으로 군주의 신임을 얻는다. 특히 인종의 총애를 얻은 그는 간관諫官의 직책을 역임하면서 국가 대소사에 깊이 관여하게 된다. 당대의 권신이던 이자겸李資謙을 축출하고, 분별없이 날뛰던 척준경拓俊京을 탄핵 제거한다. 그는 주체성이 강한 진보적인 정치가로서 고려도 왕을 황제로 칭하고 연호를 새로이 제정하자는 칭제건원론稱帝建元論을 주장하기도 하고, 국력을 신장하고 서울을 개경에서 서경으로 옮기자는 서경 천도론을 내세우기도 한다. 그러나 그의 혁신적인 정치 이념은 보수적인 세력과의 충돌을 면할 수 없었다. 그리하여 인종 13년 묘청의 난이 발발했을 때 이에 연루되었다는 죄목으로 김부식金富軾 등에 의해 처형당하고 만다.

　지금까지 전해지고 있는 정지상의 시는 겨우 20수에 지나지 않는다. 그의 작품은 정치적 수난을 겪으면서 많이 인멸되었을 것으로 짐작된다. 그렇지만 많지 않은 작품임에도 불구하고 시인으로서의 그의 명성은 확고하다. 특히 이별의 노래 중 백미라고 할 수 있는 「大同江」(雨歇 長堤草色多 送君南浦動悲歌 大同江水何時盡 別淚年年添綠波)은 역대 수많은 소인묵객들의 입에 회자되어 왔다.

이 자리에서는 그의 자유분방하고 낭만적인 시정이 잘 드러나 있는 「醉後(술에 취해)」라는 절구를 감상해 보도록 하겠다.

桃花紅雨鳥喃喃　繞屋靑山閒翠嵐
一頂烏紗慵不整　醉眠花塢夢江南 ―「醉後」

복사꽃 붉은 빗속, 새들은 재잘재잘
집을 두른 푸른 산은 여기저기 아지랑이
이마 한 편 검은 사모 귀찮아 그냥 둔 채
꽃 핀 언덕 취해 누워 강남을 꿈꾸노라
―「술에 취해」(송준호 역)

제1행의 '도화홍우桃花紅雨'― 복숭아꽃 붉은 비란 무엇인가? 붉은 복숭아 꽃잎이 마치 비가 내리듯 바람에 분분히 떨어져 내리는 정황이리라. 도화가 지는 때이니 이른 봄은 이미 지난 시절인 것 같다. 따스한 햇살을 받으며 풀잎들은 파릇파릇 돋아나고, 새들도 춘흥을 못 이겨 요란하게 지저귀고 있는 모습이 눈에 선히 떠오른다.

제2행은 집을 둘러싸고 있는 자연의 풍경이다. 작품 속의 인물이 기거하고 있을 것으로 생각되는 이 집은 병풍 같은 청산 속에 싸여 있다. 그곳은 여항간閭巷間이 아니라 어쩌면 선경仙境을 연상케도 하는 신성한 자연이다. '취람翠嵐'― 비취빛 이내가 그것을 암시하고도 있다.

제3행은 인물의 묘사다. '오사烏紗'를 걸치고 있는 것으로 보아 그는 관직에 있는 사람 같다. 오사는 벼슬아치가 쓰는 검은 색 비단 모자라고 하니 그렇지 않는가. 그 관모를 이마 한 귀퉁이에 비스듬히 걸치고 있으면서도 귀찮아 바로잡을 생각을 하지 않는다.

　제4행 역시 인물에 대한 묘사가 이어진다. 그는 춘흥에 젖어 기울인 술잔이 좀 과했던가 보다. 드디어 자연과 술에 취해 꽃피는 언덕에 누워 잠이 든다. 강남을 꿈꾸면서-.

　어떻게 보면 시 속에 등장한 주인공은 성실치 못한, 건방진 인물처럼 느껴지기도 한다. 관료의 신분으로 관청에 나가지도 않고 봄날 꽃에 취해 술이나 마시고 낮잠이나 자고 있으니 그렇지 않는가. 요즈음 같으면 직무유기로 파면을 면치 못할 짓을 하고 있다. 그 시절에도 어찌 그런 징벌이 없었겠는가. 그러나 그는 관직 같은 것에 연연한 인물 같지 않다. 꽃이 지는 봄날에 빈둥거리는 것도 그렇거니와 '용부정慵不整'(관모 바로 쓰기를 귀찮아 함)의 태도로 미루어 보아 이를 짐작할 수 있다.

　그런데 그가 꿈꾸는 강남몽이란 무엇인가? 강남은 추운 겨울도 따스하게 지낼 수 있고 사철 오곡백과가 풍성한 축복의 땅인 것만 같다. 지금 몸담고 있는 도화청산도 무릉에 가까운데 도대체 그가 꿈꾸는 강남은 어떤 세상이란 말인가.

　이 작품은 작자의 실제 체험을 노래한 것 같지는 않다. 아마도 정지상의 꿈의 기록이 아닌가 여겨진다. 그렇게 생각되는 까닭은 정지상이 지방 관리로 자연을 즐기며 살았던 적이 있었던 것 같지도 않고, 그의 혁신적인 성향으로 미루어 보아 작품 속의 주인공과 같은 유유자적한 삶을 누렸을 것 같지도 않기 때문이다. 조정에 몸을 담고 있다 보니 탐관오리며 간신배들이 날뛰는 일이 얼마나 마음을 괴롭혔겠는가. 특히 군주의 신임을 받고 있는 그를 질시하는 무리들이 주위에 얼마나 많았겠는가. 정치적인 삶이란 바로 이러한 무리들과의 싸움이라고 할 수 있다. 이기면 충신이요 지면 역적이 되는 그런 절박한 상황에서 모함과 술수의 소용돌이에 휘말리며 살았을 것이다.

 마음의 영일이 없는 그런 각박한 삶에 어찌 회의가 없었겠는가. 그래서 그가 꿈꾼 것이 자연 속의 유유자적한 삶이었으리라. 그의 꿈은 꿈에서 끝나지 않고 다시 '강남의 꿈'으로 이어진다. 강남은 그가 실현코자 하는 이상향이라고 할 수 있다. 말하자면 작품 속의 도화 청산은 그가 꿈꾼 개인적인 낙원이라고 한다면 강남은 그의 정치 이념이 실현되는 민중의 유토피아가 되는 것이다. 그러나 그러한 세상은 현실적으로 실현 가능한 것이 아니어서 상상 속에서나 꿈꾸는 수밖에 없었을 것이다.

 무릇 모든 시는 꿈의 기록이다. 인간의 모든 언술이 소망의 기록이거늘 시가 예외일 수 없다. 아니, 시는 어떠한 유형의 언술보다도 몽상적이다. 시인은 현실과는 궁합이 맞지 않아 꿈속에서 살아가고 있는 자유인이므로 더욱 그럴 수밖에 없는지 모른다.

이규보의 「산석영정중월山夕詠井中月」

山僧貪月色 幷汲一瓶中　到寺方應覺　瓶傾月亦空
　　—「山夕詠井中月」

산에 사는 저 스님 달빛을 탐내
물과 함께 한 병 가득 긷고 있소만
절에 가선 바야흐로 깨달으리라
병 기울면 달빛조차 간 데 없음을
　　—「산속 밤에 우물에 뜬 달을 읊으며」(송준호 역)

　평생 8,000수에 이르는 시를 지었다고 전해지는 백운白雲거사 이규보(李奎報, 1168~1241)는 고려의 대문호다. 어려서부터 시문에 능하였으나 관운이 일찍 열리지 않아 젊은 시절 자유분방한 생활을 하면서 좋은 작품들을 많이 남길 수 있었다. 장편서사시라고 할 수 있는 「동명왕편」을 위시해서 「개원천보유사시開元天寶遺事詩」와 같은 연작시도 유명하지만, 그의 기발한 착상과 풍부한 상상력은 절구에서 유감없이 발휘된다. 그의 많은 작품 가운데서도 앞에 인용한 「산석영정중월」이 인구에 자주 회자되는 명작이다. 송준호 교수의 멋스러운 감상을 먼저 음미해 보도록 하자.

　　산에 사는 스님이 병을 가지고 가서 우물물을 뜨러 갔는데 우물에 떠 있는 달빛이 하도 고와서 달빛을 가져가고 싶은 욕심이 생겼다. 그리하여 달빛이 떠있는 우물물을 조심하여 떠서 병에 담았다. 물이 있는 곳이면 달빛이야 어디나 뜨니까 말이다. 그러나 그 욕심 많은 스님은 절에 가서 동이에 물을 부으면 깨닫겠지. 병을 기울여 물을 따르면 병 속이 텅 비는 것과 동시에 달빛도 어디로 갔는지 보이지 않는다는 사실을.
　이 시 또한 기발한 착상이 돋보이는 작품으로 깨달음이 시적 주제이다.
　밝은 달밤이다. 하늘에는 밝은 달이 떠 있고, 우물 속에는 그것이 비춰있다. 시인은 산스님이 물을 긷는 것을 보고 달빛을 긷는다고 표현했다. 그것도 스님이 달빛에 취해서 그것을 욕심내고 있다고 했다. 달빛 비추는 공간도 아름답고 그것을 욕심내는 스님의 마음도 아름답다.
　그러나 시인은 또 말한다. 아마도 그 물을 가지고 절에 가서 병을 기울이면 그 속에 달이 없어진 것을 깨닫게 될 것이라고. 스님이 소중하게 욕심내었던 것은 물이 아니라 달이었다. 그러므로 스님은 자신이 가졌다고 믿었던 것이 아무것도 아니라는 것을 깨닫게 되리라는 것이 이 시의 내용이다.
　실은 작자가 산 속의 우물에 뜬 달을 보고 시를 쓴 것인데, 시적 주체를 산스님으로 바꾸어 거기에 깨달음이라는 철학적 깊이를 담고 있다. 여기서의 주제를 담은 시어는 색色과 공空이다. 색을 탐한 스님이 달빛을 통해 공을 깨우친다는 선가적禪家的 주제가 담겨 있다. 불가에서는 모든 현상을 공, 곧 헛된 것으로 생각한다. 우물물에 비친 달빛 그것이 바로 현상이고, 하늘에 뜬 달이 진짜이다. 스님은 물에 비친 달이 탐나서 가져왔으나 물을 따르고 난 다음 없어진 것을 보고 비로소 자신이 보앉던 현상이 헛된 것, 곧 공이라는 것을 깨달을 것이라 했다. 그러나 달빛을 탐한 것이 탐욕이라 할 수 있겠는가? 그것부터 시적 아름다움을 보여주는 설정인데 그것을 통해 모든 것이 공이라는 심오한 진리를 보여주고 있다.

　또한 이 작품에서는 아직 색공色空의 진리에 몽매한 채 있는 산스님을 등장시키고 그 몽매를 깨우치는 시적 화자(작자)를 내세워서 시적 해학미도 함께 살려내고 있다.
　　　― 송준호,『한국명가한시선Ⅰ』(문헌과 해석사, 1999) pp.251~2

　탁월한 감상이라고 할 수 있다. 그러나 여기에 한 가지 내 소견을 부연하자면 다음과 같다.
　'산승山僧'은 물론 산 속 절에 사는 스님이지만 이 작품 속에 등장한 중은 잠시 바깥 세상에 나들이 갔다가 돌아오는 스님으로 보고 싶다. 앞의 감상에서는 물을 긷기 위해 절 밖 우물을 찾아간 것으로 되어 있으나 그렇게 읽으면 자연스럽지가 않다. 사실 절간에는 경내에 우물이 다 있기 마련이다.
　어쩌면 이 스님은 온종일 탁발이라도 다니다가 늦게서야 산사로 돌아오는 길인지도 모른다. 밝은 달이 그의 험한 밤길을 환히 밝혀 준다. 우물이 있는 개천가에 이르자 문득 갈증이라도 느꼈을까. 스님은 한 모금 손으로 찬물을 움켜 마시다 문득 물속의 달을 발견한다. 참 맑고 고운 달이다. 이윽고 스님은 휴대하고 있던 호리병을 우물에 담가 물의 달을 담아보려 한다.
　이것이 제1,2행[起와承]의 내용인데 현재의 정황이다. 이어지는 3,4행[轉과 結]은 미래의 예측이다. 장차 절에 도착하게 되면 월색을 탐냈던 일이 부질없음을 알게 되리라는 예견이다.
　이러한 분위기를 상상하면서 약간의 의역을 곁들여 이 시를 다음과 같이 옮겨 볼 수 있을 것 같다.

> 산길 가던 한 스님 달빛을 탐내
> 우물 달 병 속에 담아보지만
> 절에 가선 이윽고 깨닫게 되리
> 기울여도 병 속에 달이 없음을

이 작품을 상징적인 구도求道의 시로 이해한다면 '산길'은 고행이요, '절'은 산길의 끝에 있는 득도의 공간인 도량이라고 할 수 있을 것이다.

득도란 무엇인가? 욕심이 헛되다는 것을 깨닫는 것이 아니겠는가. 어찌 물속의 달만 헛될까 보냐. 이 세상에 가득한 삼라만상이 다 그 실체를 붙들 수 없는 허상이 아니겠는가. 그렇지만 아름다운 이 '월색月色'을 어이한단 말인가. 헛된 줄 알면서도 병 속에 담아가고 싶은 것을….

이규보의 시를 두고 최자崔滋 허균許筠 김석주金錫冑 이엽李燁 등 역대 문인들이 칭찬을 아끼지 않았다. 특히 남용익南龍翼은 이 시를 우리나라 오언절구 중 가장 뛰어난 작품으로 꼽았다.

진각眞覺의 선시禪詩 한 구절

옛 선사禪師들의 시를 읽다가 고려의 대선사 진각혜심(眞覺慧諶, 1178~1234)의 한 구절에 눈이 머문다.

太虛沒方隅 至人無適莫

우리말로 대강 옮기면 '태허엔 모나 귀퉁이가 없고, 지인에겐 맞고 맞지 않음이 없다'는 뜻이다. 태허는 큰 허공이니 우주 곧 세상의 본체를 이르는 말이리라. 아니 우주 공간이라고 생각해도 상관없다. 지상에서는 우리가 동서남북의 방향을 따지기도 하고 중앙과 변두리를 구분하기도 한다. 그런 방위나 지역은 보는 입지에 따라 결정된 것이니까 절대적인 것이 아니다. 우리가 서방이라고 지칭하는 곳도 그곳의 서쪽에 가서 보면 동방이 된다. 서울이 중앙이라는 생각도 한반도라는 제한된 지역 안에서 바라보는 견해다. 더 넓은 시야에서 보면 서울도 세계의 한 변두리에 지나지 않는다. 그러니 거대한 우주공간은 어떠한 방위나 한계를 설정해서 따질 수 없는 것이다. 곧 태허는 어떠한 언어로도 설명될 수 없는 한정 불능한 것이다. 그러한 정황을 '가라앉다, 빠지다, 숨다,

잠기다' 등의 뜻을 지닌 '没(몰)'이라는 한자에 담아 표현하고 있다. 그러니 이는 아주 없는 것이 아니라 그 속에 잠겨 있지만 분별할 수 없다는 의미를 내포한다. 우주의 유현한 구조에 대한 설명이다.

지인至人은 지극한 경지에 이른 사람이니 성인이나 군자를 지칭한다. 지극한 경지 곧 달관의 상태에 도달한 성인에게는 맞고 맞지 않음이 없다. 그에게는 귀천貴賤의 구분이 없다. 귀인이라고 해서 후대하고 천인이라고 해서 홀대하는 일도 없다. 그의 눈에는 모든 사람이 아니 모든 사물이 한결같이 소중한 존재로 평등하리라. 그러니 좋아하고 싫어하는 호오好惡의 분별도 있을 수 없다. 아니 선악善惡도 넘어선다. 따지고 보면 선악도 인간 중심의 사회적 가치관의 산물에 지나지 않는다. 조국祖國에서는 선인 것이 적국敵國에서는 악이 된다. 인간에게는 이로운 선이 동물에게는 해로운 악이 된다. 그러니 군자는 선악에도 구속되지 않는다. 말하자면 군자의 사람됨은 너무 커서 어디에도 얽매이지 않는다. 군자불기君子不器라는 어구도 이러한 군자의 큰 그릇을 일컫는 말로 해석해 무방하리라. 공자는 그가 70세에 이르러 도달한 경지를 '종심소욕불유구從心所欲不踰矩'라고 했는데 이는 '마음이 하고자 하는 바를 좇아 행동해도 지나침이 없었다'는 뜻이니 '무적막無適莫'의 달통한 경지에 이름을 그렇게 표현한 것이리라.

이 시구는 「答崔尙書瑀(답최상서우)」라는 율시 두 번째 수의 결구이다. 정3품의 상서 벼슬을 했던 최우崔瑀라는 사람이 진각에게 어떠한 내용의 글을 보냈는지는 알 수 없으나 그에 대한 답신으로 쓴 글이다. 앞의 수首·함領·경頸 구들은 결구에 대한 구구한 설명이다. 김달진의 번역을 곁들인다.

若不任天眞　續鳧而截鶴　世間出世間　染淨及善惡
無取捨愛憎　自然不被縛　太虛沒方隅　至人無適莫

만일 천진에 맡겨두지 않으면
학의 다리를 끊어 오리발에 붙이는 격
세간과 출세간
더러움과 깨끗함, 선과 악에 대하여
취하거나 버리며 사랑하거나 미워함이 없으면
자연히 결박을 받지 않을 것이다
허공에는 일정한 경계가 없고
성인에게는 맞고 맞지 않음이 없다
　(김달진 역)

　천진의 상태가 최상이다. 인위적으로 어떤 일을 도모하려고 하면 이는 마치 학의 다리를 오리에게 붙이는 것처럼 자연스럽지 못하다. 세상에 나가 일하는 것이나 물러나 자연 속에 묻히는 일이나 억지로 해서는 안 된다. 염정·선악·애증의 감정으로부터도 초탈해야 진정한 자유의 몸이 될 수 있다. 아마 이러한 뜻인 것 같다.
　문제의 이 결구는 결론이며 이르고자 하는 말의 응축이다. 결구 중에서도 그 핵심은 후구에 있다. 전구는 후구를 설정하기 위한 대구인데, 한 인간의 그윽한 내면을 설명하기 위해 무한한 대 우주를 끌어다 나란히 놓은 것이 참 아스라하기만 하다.
　결국 잘 산다는 것은 무엇인가? 자아와 세계와의 화평의 문제가 아닌가. 진각은 그것을 무집착·초탈로 설명하려 했던가 보다. 참 어렵고 어려운 일이다.

포은의 「정부원征婦怨」

　포은圃隱 정몽주(鄭夢周, 1337~1392)는 고려 말의 문신으로 이성계의 반정을 견제하려다 피살당한 충신이다. 성리학에 조예가 깊었으며 시문 또한 호방豪放하다는 평을 들었던 문사였다. 역모를 꿈꾸던 이성계가 그 아들 이방원으로 하여금 「하여가何如歌」를 불러 포은의 속마음을 떠보려 했다.

　　　이런들 어떠하리 저런들 어떠하리
　　　만수산 드렁칡이 얽어진들 어떠하리
　　　우리도 이같이 얽어져 백년까지 누리리라

　하고 칡넝쿨처럼 서로 얽혀서 한세상 적당히 살아가자고 유혹을 하자, 이에 정몽주는

　　　이 몸이 죽고 죽어 일백 번 고쳐 죽어
　　　백골이 진토 되어 넋이라도 있고 없고
　　　님 향한 일편단심이야 가실 줄이 이시랴

라고 비록 백 번을 죽어 뼈가 흙이 된다 할지라도 마음을 바꿀 수 없다는 「단심가丹心歌」로 그의 절의를 노래했다는 일화는 너무도 잘 알려져 있다. 그가 철퇴를 맞아 목숨을 잃었던 개성의 선죽교 다리 위엔 아직도 붉은 혈흔이 남아 있고, 피가 스민 다리 밑에선 푸른 대나무가 자라났다는 전설이 전해 오기도 한다.

포은의 「정부원征婦怨」이라는 유명한 절구가 있는데 이 작품에 대한 상반된 두 해석이 재미있다.

一別年多消息稀 寒垣存沒有誰知
今朝始寄寒衣去 泣送歸時在腹兒

한번 떠난 뒤로 여러 해 소식 없어
수자리의 삶과 죽음 그 누가 알랴
오늘 처음 솜옷을 지어서 보내나니
울며 보내고 돌아올 때 뱃속에 아이 있었네
—「정부원」(김달진 역)

위의 번역문을 좇아 이 시를 감상하면 다음과 같다.
병정의 몸이 되어 싸움터로 멀리 떠나간 남편과 한번 이별한 뒤 여러 해가 지났건만 남편으로부터는 소식이 감감하다. 변방의 요새에서 아직 살아 있는지 아니면 전사했는지 알 길이 없다. 그렇지만 아내는 겨울이 다가오자 남편이 걱정되어 겨울 솜옷을 지어 부친다. 그런데 울며 돌아오는 아내의 뱃속엔 아이가 있다.
남편과 이별한 지 여러 해가 된 아내의 뱃속에 지금 아이가 있다니 도대체 무슨 말인가? 남편이 없는 사이 그 아낙네가 바람이라도 피웠단 말인가? 바람피운 여인이라면 군에 간 남편쯤 잊어버릴 만도 한데 겨울 옷을 지어 부치는 행위는 또 무엇인가? 그래서 어떤 이는 이 시를 고려 말의 문란한 성풍조를 엿볼 수 있는 작품으로 해석하기도 한다. 그러나 이러한 견해에 선뜻 동의하기는 어렵다.

한편 이 작품을 다음과 같이 옮기는 이도 있다.

> 이별한 뒤 여러 핸데 소식 거의 없으시니
> 변방 게서 사셨는지 알 수가 있습니까?
> 오늘 처음 겨울옷을 부치러 가는 사람
> 울며 전송 돌아올 제 뱃속 있던 아이입니다
> ―「서방님을 일선에 보낸 아낙의 원망」(송준호 역)

이 번역에서는 '뱃속에 있던 아이'를 지금이 아닌 남편이 떠날 때의 상황으로 해석하고 있다. 그 아이가 지금은 7, 8세쯤 되었을까. 어느덧 심부름할 수 있을 만큼 자랐다. 그래서 아내는 새로 지은 겨울옷을 어린 아들에게 시켜 부치는 것이다. 그렇지만 그 어린 아이가 어떻게 아비가 있는 먼 변방의 요새에까지 갈 수 있단 말인가. 그러니 아이가 옷을 들고 가는 곳은 요새가 아니라 관아일 것만 같다. 관아에서는 병사들의 가정으로부터 겨울옷을 수거하여 전쟁터의 병정들에게 전달했을 것으로 짐작된다. '처음(始)'은 옷을 보내는 일이 최초라는 뜻이 아니라 어린 아들로 하여금 옷을 부치는 일이 처음이라는 것이리라. 화자를 아내로 설정하고 남편에게 보내는 편지 형식의 글을 빌어 썼다. 남편에게 겨울 솜옷을 부치면서 그 속에 넣어 보낸 편지처럼 쓴 시다. 이별할 때 뱃속에 있던 아이가 어느덧 자라 소년이 되도록 돌아오지 못하고 있는 남편에 대한 원한怨恨을 극적으로 잘 표현한 작품으로 해석할 수 있다.

문란한 성풍조를 엿볼 수 있다는 전자의 견해보다는 '재복아在腹兒'를 남편이 떠나던 당시의 상황으로 보려는 후자의 견해가 훨씬 설득력을 가지며 타당하다고 생각된다.

이 작품은 포은 당대의 시대상을 반영하고 있는 것 같지는 않다. 중국 한대漢代의 민간 악부樂府는 개인의 삶 속에서 느끼는 슬픔이나 기쁨의 정서를 노래한 작품들이 주조를 이룬다. 그 가운데서도 집을 멀리 떠난 나그네나 병정들이 고향을 그리는 내용의 노래들이 많다. 아마도 포은의 이「정부원」은 그 악부 형식의 글을 모방해서 만든 상상적인 작품으로 짐작된다.

이수광은『지봉유설』에서 이 작품을 두고 "결구結句는 아름답지만 기구起句가 대단히 졸렬하여 당조唐調가 아니다"라고 꼬집고 있다. 이는 결구에서 뱃속의 아이가 자라 소년이 되었다는 사실을 들어 이별의 긴 세월을 암시하고 있음에도 불구하고, 기구에서 이별한 지 여러 해 되었다고 직설적으로 서술한 것은 사족에 지나지 않다는 견해인 것 같다. 시는 함축과 간결을 지향하는 글이므로 그런 비평을 받을 만도 하다. 포은 같은 대가의 시문에서도 이렇게 흠이 잡히는 걸 보면 보통 사람들의 글에서 하자瑕疵를 떨치기가 얼마나 어려울 것인지 짐작이 간다. 완벽한 글을 쓰기란 참 어렵고 어려운 일이 아닐 수 없다.

원천석의 「의고擬古」

 운곡耘谷 원천석(元天錫, 1330~?)은 고려 말에서부터 조선조에 걸쳐 생존했던 은사다. 원주의 치악산에 한평생 묻혀 제자들이나 가르치며 시를 벗 삼고 살았다. 군역軍役을 피하기 위해 국자감시에 급제하여 진사를 얻은 것 외에는 벼슬길에 오르지 않았다.
 이방원이 일찍이 그에게서 글을 배웠는데 왕위에 오른 뒤 그를 모셔가기 위해 치악산을 찾았다고 한다. 이를 미리 안 원천석은 치악산 준령의 변암弁巖으로 몸을 숨기면서 강가에서 빨래하던 노파에게 이르기를 누가 찾아와 내 가는 길을 묻거든 반대편을 일러주라고 당부했다. 이윽고 노파는 찾아오는 태종의 일행에게 원천석의 당부대로 거짓 일러준 다음, 임금을 속인 죄를 사하려 강물에 투신했다고 전한다. 후세 사람들이 그 물을 '구연嫗淵' 혹은 '노구연老嫗淵'이라 하며, 태종이 잠시 쉬어 간 곳을 '태종대太宗臺'라 부른다고 한다.
 험준한 바위인 변암에는 사람이 기거할 만한 굴이 있는데 그 굴속엔 '암반에 우물을 파서 갈증을 면하고 산채를 거두어 시장기를 달랜다.'라는 글귀가 새겨져 있다고 한다. 어쩌면 원곡이 새긴 것인지도 모른다는 생각이 들어 한번 찾아가 보고 싶은데 아직 벼르기만 하고 있다.

원곡은 산속에 그냥 은거해 지내는 단순한 은일지사는 아니었던 것 같다. 준엄한 눈으로 세상을 굽어보면서 여섯 권의 『야사野史』를 기록했다. 그런데 그의 후손들이 필화의 후환을 두려워하여 『야사』를 소각했다고 하니 그의 필치가 당대의 의롭지 못한 정권을 얼마나 준열하게 비판했던가 짐작이 간다. 그가 세상을 떠난 지 200여 년이 지난 1603년경 강원도 관찰사 박동량朴東亮에 의해 그의 글 일부가 세상에 비로소 드러난다. 다시 200년이 지난 1800년경에 그의 후손들에 의해 간행된 『운곡시사耘谷詩史』에는 1144수의 시가 실려 있다. 그 동안 적지 않은 시고詩稿들이 인멸된 것으로 보이니 애초에 얼마나 많은 작품을 썼던가 헤아리기 쉽지 않다.

다음의 한시 「의고擬古」는 그의 삶을 단적으로 엿보게 하는 수작이다.

> 곡구의 정자진*이/ 몸소 김매고 밭을 갈았었지/
> 십 년 동안 바윗돌 밑에서/ 누구와 더불어 이웃하고 살았던가.
> 영특하다는 이름이 서울에 날렸으니/ 꽃다운 그 자취를 천고에 사모하네./
> 연기와 노을 속에 늙어 가는 한 선비는/ 새나 짐승과 벗 삼고 지내네./
> 마음 한가해 얻고 잃을 것도 없는 데다/ 도가 곧으니 어찌 굽히고 펴랴./
> 때때로 바람과 달이나 즐기면서/ 글쓰기만 끝내면 맑은 시가 새롭네.
> ―「옛 시를 본받아 짓다」(허경진 역)

> 谷口鄭子眞, 耕耘躬自親.
> 十年巖石下, 誰與爲其隣.
> 英名動京洛, 千古慕芳塵.
> 煙霞老一士, 鳥獸可同倫.
> 心閑無得失, 道直何屈伸.
> 時時弄風月, 脫藁淸詩新. ―「擬古」

앞의 6행은 정자진鄭子眞에 대한 예찬이고 뒤의 6행은 화자 자신을 노래한 것이다.『한서』고사전高士傳에 의하면 정자진은 한나라 사람으로 홀로 곡구谷口라는 곳에서 밭을 갈며 조용히 도를 닦고 지냈던 은사다. 성제成帝 때에 대장군 왕봉王鳳이 예를 갖추어 그를 초빙했지만 응하지 않았다고 한다. 곡구에서 밭 갈며 글을 읽었기에 그의 호를 곡구자진이라고 했다.

시의 내용은 이렇다. 정자진은 밭을 갈며 홀로 산골에 묻혀 사람들과의 교류도 없이 고고하게 지냈다. 그런데 그의 높은 인품이 장안에까지 알려졌을 뿐만 아니라 두고두고 후세에 길이 전하니 이 아니 흠모할 일이 아닌가? 나도 뭇 짐승들과 더불어 자연 속에서 늙어가면서 욕심 없이 살아가니 얻고 잃음이 어디 있겠는가. 또한 내 마음의 심지가 곧으니 어떤 유혹에도 흔들림이 있을까 보냐. 때때로 풍월을 즐기면서 이를 글로 옮기면 맑은 시가 되는구나.

이 시에서 정자진을 거론하고 있는 것은 자신이 정자진과 같은 은사라는 사실을, 아니 정자진에 못지않은 맑은 선비라는 것을 은근히 드러내고 있는 것 같기도 하다. 사실이 그렇지 않은가. 10년 은거의 정자진이 평생을 은거한 운곡과 어찌 비교가 되겠는가.

태종이 세종에게 양위를 한 다음에 원곡을 초청했더니 그때는 응했다는 얘기가 전하기도 한다. 아는 사람이 권력의 주변에만 있어도 그의 덕을 보려 안달인 것이 세상 사람의 욕심인데 임금의 후원을 입을 수 있는 그가 스스로 그 기회를 거절하고 산속에 묻혔다는 것은 아무나 할 수 있는 일이 아니다. 그런 맑고 고고한 뜻을 지닌 선비들이 오늘날에도 어느 곳에 혹 숨어있는지 그 소식이 묘연키만 하다.

김시습의 호방한 시정

 매월당梅月堂 김시습(金時習, 1435~1493)은 세종과 성종 연간에 살았던 시인이다. 태어난 지 8개월 만에 글자를 알아차리고, 세 살이 되어서부터는 시를 짓기 시작하였다고 하니 타고난 그의 재주를 짐작할 만하다. 다섯 살에 어전에 불려가 시를 지었는데 이를 본 세종이 매우 기뻐하며 장차 크게 쓸 것이니 잘 기르라 당부했다.
 그러나 김시습은 과거에는 별로 마음이 없었든지 산속에 들어가 학문을 익히기만 했다. 그가 21세 되던 해 삼각산 중흥사에 들어가 책을 읽던 중, 세조 찬탈의 정변 소식을 접하고 서책을 다 불사르고 만다. 의義가 무너지고 만 세상에서의 학문의 의의를 느끼지 못했던 것 같다. 그는 삭발을 하고 미친 중의 행색으로 운수행각雲水行脚의 길에 오른다.
 관서로부터 출발해서 관동, 호서, 호남을 거쳐 영남의 계림에 이르기까지 명산대천을 누비며 시로써 울적한 마음을 달랜다. 그가 남긴 2천여 수의 시들은 그런 과정에서 얻어진 것들이 대부분이다. 그의 작품 속에는 세상에 대한 날카로운 비판과 울분이 담겨 있다. 그는 길을 가다가도 못마땅한 벼슬아치를 만나면 조롱하기를 주저하지 않았으므로 관직의 무리들은 그와 상면키를 꺼려했다.

그가 얼마나 호방한 기질의 시인이었던가는 다음의 작품만 보아도 알 수 있다.

   푸른 바다에 낚싯대 던져 큰 자라를 낚고
   하늘 땅 해와 달을 손 안에 감추었노라
   하늘 밖 구름 위로 나는 따오길 지휘하고
   세상 뒤덮던 산동의 호걸들을 손바닥에 움켰었노라
   삼천 진토 부처 세계의 끝까지 가 보고
   성난 고래의 만리 물결도 내 다 삼켰노라
   팔백 고을 가운데 겨우 한 터럭
   인간 세상 좁은 걸 알고는 돌아와서 크게 웃었네
    ―「큰 소리」(허경진 역)

   碧海投竿釣巨鼇 乾坤日月手中韜
   指揮天外凌雲鵠 掌摑山東蓋世豪
   捴盡三千塵佛界 吞窮萬里怒鯨濤
   歸來浪笑人寰窄 八百中州只一毛 ―「大言」

「큰소리大言」란 제목의 글인데 세상을 향해 우렁차게 내뱉는 그의 목소리가 지금도 귀에 쟁쟁히 울리는 것만 같다.
 그가 낚아 올리려는 것은 옅은 강물에 사는 자잘한 물고기가 아니라, 대양의 깊은 심해에서 천년을 산다고 하는 진귀한 자라다. 그는 지상의 세속적인 하찮은 것들에는 관심이 없다. 그래서 천지와 일월을 장악하고 천공을 높이 나는 큰 새들과 노닌다. 천하를 호령하던 역사적인 영웅호걸들도 그의 앞에서는 별것이 아니다. 그는 이승의 풍진세상뿐만 아니라 저승의 정토불국까지도 이미 꿰뚫어 보고 있다. 지상뿐만 아니라

고래가 사는 만리의 물길도 이미 다 터득했다. 천고의 역사를 살펴보고 무한한 우주의 세계를 통찰해 보니 우리가 발붙여 사는 이곳이 얼마나 작고 초라한 줄 알겠더라. 넓은 대지 위에 겨우 터럭 한 개에 지나지 않은 격이니 어찌 웃지 않을 수 있겠는가? 라고 큰소리치고 있다.

세상을 바라다보는 넓은 시야며 웅대한 시상이 놀랍기만 하다. 이러한 호탕한 시상은 다음의 「쾌의행快意行」에서도 만날 수 있다.

> 나에게 이름난 병주의 칼이 있으니
> 이 칼로 넓은 바다의 물을 자르리라
> 손으로 여룡의 굴을 더듬고
> 풍랑 속에서 여의주를 다투니,
> 큰 물결이 넓은 하늘에 치솟아오르고
> 번개와 무지개가 번쩍 일어나리라
> 수염을 휘어잡고 그 턱을 움켜잡아
> 거뜬히 빼앗은 뒤에라야 내 마음 기쁘리라
> ―「마음껏 하고 싶어라」(허경진 역)

> 我有幷州刀 剪取滄溟水
> 手探驪龍窟 爭珠風浪裏
> 巨浸凌大空 雷霆騰閃起
> 將鬚摑其頷 健奪然後喜
> ―「快意行 四首」3

내게는 중국의 병주 고을에서 만든 보검이 한 자루 있다. 그 칼로 대양의 거센 물결을 자르고 바다 속에 잠입하여 흑룡이 살고 있는 굴을 더듬어 들어갈 것이다. 그리하여 여의주를 놓고 거대한 흑룡과 한판 붙으리라. 그러면 사나운 파도는 하늘 높이 치솟아 오를 것이고 공중에는 무지개와 같은 번갯불의 섬광이 번쩍일 것이다. 나는 용의 수염을 휘어잡고 그 턱밑에 감춰진 여의주를 앗아 오리니 이 얼마나 장쾌한 일일까 보냐.

　상상의 세계에 존재하는 용과 여의주의 얘기다. 용의 턱밑에 있다는 여의주를 얻게 되면 이루지 못할 일이 없다는 설화가 있다. 매월당은 현실의 부조리를 바로잡고 의義가 실현되는 정의롭고 평화로운 세상을 꿈꾸고 있었을 것이다. 그러나 그 꿈은 실현될 수 없었기 때문에 그는 한평생 방랑의 길 위에서 헤매고 다녔다. 이 작품은 이룰 수 없는 그의 꿈에 대한 한을 노래한 것이라고 할 수 있다.

　한을 풀어내는 얘기들은 『금오신화金鰲新話』를 통해서도 실현된다. 금오신화는 매월당이 서른에 이르렀을 때 잠시 방랑의 길을 멈추고 경주의 금오산 용장사에 들어 6년 동안 칩거해 지내면서 쓴 한국 최초의 한문소설이다. 지금까지 전해진 것은 「만복사저포기萬福寺樗蒲記」「이생규장전李生窺墻傳」「취유부벽정기醉遊浮碧亭記」「남염부주지南炎浮洲志」「용궁부연록龍宮赴宴錄」등 5편이다. 기상천외한 이야기들이 비현실적인 시공時空을 배경으로 전개된다. 한恨의 사랑이 이승과 저승의 한계를 무너뜨리면서 성취되기도 하고, 천년의 시간을 거슬러 망국亡國의 한에 대한 회포를 풀기도 한다. 천상의 염라왕을 상대하여 생사生死와 천리에 관한 담론을 펼치기도 하고, 수궁水宮의 용왕을 만나 일장춘몽의 화려한 삶을 체험하기도 한다. 현실 속에서 이루지 못한 한을 다른 세상에서 실현하여 해원解寃하는 이야기들이다. 시간과 공간의 제약을 받고 살아가는 지상적 삶의 한계성을 극복하려는 욕망의 기록이기도 하다.

　매월당은 생육신의 한 사람으로서 한평생 의로운 기상을 잃지 않고 살았던 선비다. 유불儒佛에 얽매이지 않고 넘나들었던 불기인不羈人이었으며, 세상과 궁합이 맞지 않은 방외인方外人이었다. 그래서 세상에서는 그를 광인狂人 기인奇人으로 폄하했지만 그는 조선조에 가장 우뚝 선 불멸의 시인으로 평가받을 만하다.

퇴계의 「청평산을 지나며」

성리학의 대가 퇴계 이황(李滉, 1501~1570)은 그의 빛나는 학문적 성과에 눌려 그가 남긴 시 작품에 대한 평가는 비교적 소홀했던 것 같다. 2천 편에 가까운 시를 남기고 있으니 시인으로서의 업적도 적지 않다고 할 수 있다.

34세로부터 50에 이르기까지 벼슬길에 오르내리긴 했지만 마음은 늘 향리를 떠나지 않았다. 전원에 돌아와 은둔하고자 하는 그의 꿈은 지천명에 접어들면서 이루어진다. 도연명陶淵明의 시적 정취를 유달리 사랑했던 것도 그의 이러한 은일 지향의 성품과 무관하지 않은 것으로 짐작된다. 도학자였으므로 그의 시풍은 온유돈후溫柔敦厚를 떠남이 없었다. 부드럽지만 한편 깊고 오묘해서 쉽게 접근하기 어려운 경우도 적지 않다.

이 자리에서는 「청평산을 지나며過淸平山有感」란 작품을 감상하면서 퇴계의 정신세계의 일단을 엿보고자 한다.

청평산은 춘천시 북삼면 소양호 인근에 있는 산이다. 퇴계가 이 산을 지나면서 옛날 이 산자락에 은거해 살던 한 맑은 선비를 추모하는 내용의 시다. 주인공은 고려 예종 때의 은자 식암息庵 이자현李資玄, 1061~1125)이란 분이다. 퇴계는 이 시의 앞에 장황한 제사題詞를 달고 있는데 이는 이자현에 대한 흠모의 정이 얼마나 돈독했는가를 짐작케 한다.

이자현은 28세에 과거에 급제하여 대악서승大樂署丞이라는 낮지 않은 벼슬에 올랐으나 1년 뒤 관직을 버리고 청평산에 들어가 암자를 짓고 은거한다. 그 암자가 오늘날 청평사로 남게 된다. 당대 세도를 부리던 벌족으로 평생의 부귀공명이 보장된 처지인데도 세속의 명리를 헌신짝처럼 걷어차고 선禪과 차茶로 몸을 맑게 하는 수도의 길에 접어든 것이다.

그는 불교와 노장사상에 심취했던 것 같다. 예종이 예를 갖추어 몇 번씩 불렀으나 뜻을 굽히지 않고 다음과 같은 진정표陳情表를 낸다.

> 신이 듣잡건대 새의 즐거움은 깊은 수풀에 있고, 고기의 즐거움은 깊은 물에 있다 하옵니다. 고기가 물을 사랑한다고 하여 새를 깊은 연못에 옮기지 못할 것이요, 새가 수풀을 사랑한다고 하여 고기를 깊은 숲에 옮기지 못할 것이옵니다. 새로서 새를 길러 수풀의 즐거움을 맘대로 하게 맡겨두고, 고기를 보고 고기를 알아 강호江湖의 즐거움을 느끼게 내버려두어 한 물건이라도 제 있을 곳을 잃지 않게 하고 군君의 정情으로 하여금 각기 마땅함을 얻게 함이 곧 성제聖帝의 깊은 인仁이요, 철왕哲王의 거룩한 혜택이옵니다.

라며 둔세遁世의 뜻을 꺾지 않았다. 쉽게 만나기 어려운 맑은 정신을 지닌 곧은 선비였다.

그럼 이제 퇴계의 시를 읽어 보도록 하자.

산협을 감돈 강물에 사다릿길 기울었는데
어디선가 구름 밖에서 맑은 냇물 흘러나오네
지금까지 사람들은 여산사만 말해 왔지만
여기서 임께서는 곡구 밭을 갈으셨네
밝은 달 하늘에 가득해 그 정신 남아 있고
맑은 아지랑이 자취 없어 헛된 영화 버렸어라
우리나라 은일전을 그 누가 지을 건가
조그만 흠집 끄집어내 맑은 구슬 가리지 마소
 (허경진 역)

峽束江盤棧道傾　忽逢雲外出溪淸
至今人說廬山社　是處君爲谷口耕
白月滿空餘素抱　晴嵐無跡遣浮榮
東韓隱逸誰修傳　莫指微疵屛白珩

　가파른 산협을 강물이 감돌아 흐르는 골짝이어서 길이 제대로 나 있질 않다. 그래서 나무토막을 얽어 임시로 사다릿길을 놓았나 보다. 그런데 그것도 헐어서 느슨하게 한쪽으로 기울어 있는 모양이다. 그 길을 건너 계곡에 이르렀더니 문득 흘러내리는 맑은 물과 마주치게 된다. 그 물이 마치 구름 밖에서 쏟아져 내린 듯 속세와는 동떨어진 별유천지, 신선의 세계인 것만 같다. 지금까지 세상 사람들은 은자 하면 저 여산廬山 동림사東林寺에 은거해 지낸 혜원慧遠만 생각하지만, 정승을 마다하고 곡구谷口에서 밭을 갈며 맑게 살았던 한나라의 정자진鄭子眞 같은 이가 이곳에도 있었음을 왜 모른단 말인가. 온 세상 밝게 비친 달처럼 그의 맑은 정신은 남아 있는데, 아지랑이 자취 없이 사라지듯 헛된 영화 버렸어라. 누가 이 나라의 숨어산 은사들의 얘기를 바르게 전할 것인가? 작은 흠

트집 잡아 맑은 구슬 가리는 일 없게 하리로다.

　마지막 행의 의미는 이자현의 행적을 사관들이 역사에 잘못 기록하고 있는 것을 탓하는 내용이다. 식암息庵이 '논밭 마련하기를 일삼았다'느니, '농민을 괴롭혔다'느니 하는 등의 기록이 보이는데, 이는 세속의 더러운 명리에 발을 담그고 살아가는 자들이 식암의 고매한 삶을 투기해서 헐뜯는 말이라고 퇴계는 변호한다.

　이 시는 역사적인 한 인물을 노래한 작품이지만, 이는 이자현이라는 은사를 통해서 퇴계 자신의 청정한 정신세계를 드러내 보인 글이기도 하다.
　은일隱逸이란 무엇인가? 얼핏 보면 세상을 등진 소극적인 삶의 자세인 것처럼 생각되기도 하지만 깊이 생각하면 그렇지도 않은 것 같다. 이는 욕망을 억누르는 자신과의 처절한 싸움이며, 세속을 향한 무저항의 투쟁이라고 할 수도 있다. 그들은 드러나지 않는 가운데 세상을 변화시키는 큰 스승들이다. 세상이 그들을 존경하는 까닭이 바로 여기에 있다.
　오늘날에도 스스로 높은 관직의 자리를 박차고 향리에 돌아가기를 꿈꾸는 관료가 있을까? 그러한 귀거래를 자의에 의해 실현한 사람이 있다는 소식을 근래에 들어본 것 같지 않다. 청정한 선비정신이 아쉽기만 한 세상이다.

황진이의 시조와 「반달」

한국 문학사에서 한 사람의 여류 시인을 들라면 아마 많은 이들이 주저하지 않고 황진이(黃眞伊, 152?~156?)를 꼽을 것이다. 개성 출신으로 조선조 중기의 명기名妓라는 사실 외에 그녀의 가계나 생몰 연대에 관해서는 정확히 밝혀져 있지 않다. 세상에 널리 알려진 그에 관한 여러 일화들은 야사나 혹은 개인 문집 등에 단편적으로 전하는 것들을 바탕으로 후대의 이야기꾼들이 재구성한 것들이라고 할 수 있다.

황진이는 당대의 한량들은 물론 오늘에 사는 수많은 사람들의 마음까지를 사로잡은 매혹적인 여성이다. 시詩는 말할 것도 없고 가무歌舞에도 탁월한 재능을 지녔던 것 같다. 그녀는 문인호걸들과 더불어 적지 않은 정분을 나누면서 주옥같은 시문을 주고받았다. 때로는 명산대천을 누비며 유유자적 호방한 삶을 즐기기도 했다. 박연폭포와 서화담에 자기를 더하여 송도삼절松都三絶이라고 스스로 칭한 것만 보아도 그가 얼마나 기개와 자부심이 넘친 여인이었던가 짐작이 간다.

그가 남긴 시조는「내 언제 무신하여」「어저 내 일이야」「산은 옛 산이로되」「청산은 내 뜻이요」「청산리 벽계수야」「동짓달 기나긴 밤을」등 5, 6수에 지나지 않지만 많은 이들의 입에 회자되는 가작들이다. 그 중에

서도 가장 많이 알려진 것은 벽계수라는 종가의 선비를 희롱한 작품인
「청산리 벽계수야」다. 그러나 그의 대표작이라면 역시 기발한 상상력
이 돋보인「동짓달 기나긴 밤」을 들지 않을 수 없다.

> 동짓달 기나긴 밤을 한 허리 베어내여
> 춘풍 이불 아래 서리서리 넣었다가
> 어른님 오신 날 밤이거든 구비구비 펴리라

기녀들의 작품이 대개 그렇지만 황진이의 작품들도 연정을 노래한 것
들이 대부분이다. 이 작품은 긴 겨울밤을 홀로 지내면서 장차 님과 함께
하게 될 사랑의 밤을 그리워하는 노래다. 이 시가 우리의 심금을 울린
것은 화자의 기발한 발상 때문이다. 동짓달 겨울밤은 얼마나 길고 긴가.
더욱이 독수공방하고 있는 처지라면 새벽을 맞기까지 얼마나 전전반측
하면서 괴로워하겠는가. 화자는 그 견디기 힘든 긴 밤의 중간 허리를 잘
라내겠다고 한다. 그리고 잘라낸 시간의 토막을 이불자락 사이사이에
넣어두겠다는 것이다. 그것도 보통의 이불이 아니라 '춘풍春風' 이불이
다. 어쩌면 화조가 화려하게 수놓인 봄바람처럼 부드럽고 포근한 비단
이불이리라. 그 이불은 님이 오시는 날 밤에 펴기 위해 지금은 장롱 깊
숙이 고이 넣어 두었을 것이다. 그 이불자락 사이에 잘라낸 밤의 시간을
말아 두었다가 님이 오신 날 밤 그 춘풍 이불을 굽이굽이 펼치겠다니 얼
마나 기발한 착상인가. 님과 사랑을 속삭이는 밤은 아무리 길어도 짧게
느껴질 터이므로 이불 속에 갊아 두었던 시간을 펼쳐 연장시키고 싶다
는 소망이다.

'어른님'은 '사랑하는 님'이면서 '추위에 몸이 얼어붙은 님'의 뜻을 아
울러 지닌 이중 의미가 함축된 시어다. 또한 '춘풍'과 '어른'을 서로 호
응의 자리에 놓아 조화를 이루게 한 것도 보통의 솜씨가 아니다. 실로

황진이의 번득이는 재치를 잘 보여주고 있는 수작이다.

황진이는 한시에도 능통했다. 지금까지 전해온 작품은「박연朴淵」「송도松都」「영반월詠半月」「등만월대회고登滿月臺懷古」「별김경원別金慶元」「봉별소판서세양奉別蘇判書世讓」등 6편이다. 다 가작들이지만 그 가운데서도 명품은 역시 오언절구인「영반월詠半月」이다.

　　　　誰斷崑山玉　누가 곤륜산의 옥을 잘라
　　　　裁成織女梳　직녀의 빗을 만들어 주었던고
　　　　牽牛離別後　견우님 떠나신 뒤에
　　　　愁擲壁空虛　시름하며 허공에 던져놓았네

하늘에 떠 있는 반달을 노래한 작품이다. 반달을 직녀의 빗으로 본 것이 또한 기발하다. 중국의 곤륜산은 옥의 산지로 유명하다. 누가 곤륜산의 옥을 재단하여 빗을 만들어 직녀에게 주었는가 묻고 있다. 견우와 직녀는 일 년 내내 떨어져 살다가 음력 7월 7석 날 밤 까치가 은하수에 놓아 준 오작교 다리에서 꼭 한번 만나고 헤어진다는 전설이 있지 않던가. 반달을 그 비극적인 사랑의 여주인공 직녀의 빗으로 본 것이다. 그 직녀가 머리를 빗던 옥으로 된 빗인데 견우와 이별 후 허공에 던져 버린 것이라고 노래하고 있다. 이제는 곱게 치장해 보일 님도 떠나고 없으니 빗이 무슨 소용이겠는가?

　어쩌면 작자 자신이 정든 님과의 이별을 겪은 후에 외로이 떠가는 반달을 보면서 이러한 시상을 떠올렸을 것도 같다. 비록 짤막한 소품이지만 시상을 붙잡아 능란하게 다루는 솜씨에서 황진이의 천부적인 시재詩才를 엿볼 수 있다.

근래에 인터넷 상에서 모 여가수가 불러 인기를 얻었던 「알고 싶어요」라는 작품의 원작이 황진이의 한시라는 풍문이 걷잡을 수 없이 퍼지기도 했다.

    달 밝은 밤이면 그대는 무엇을 생각하나요?
    잠이 들면 그대는 무슨 꿈을 꾸시나요?
    붓을 들면 때로는 제 이름도 적어보나요?
    저를 만나 기쁘셨나요?
    ……………………………………………

    蕭寥月夜思何事　寢宵轉輾夢似樣
    問君有時錄忘言　此世緣分果信良

그러나 이 한시는 황진이의 작품이 아니라 양인자 씨의 작사를 이재운 씨가 한시로 패러디한 것임이 밝혀졌다. 황진이는 오늘 날에도 수많은 사람들의 관심의 대상이 되고 있는 매력적인 인물임을 새삼 실감케 하는 사건이 아닐 수 없다.

  적지 않은 시인과 작가들이 아직도 황진이에 매달려 계속 작품을 쓰고 있다. 그는 시간을 초월해서 수많은 사람들의 가슴속에 '만인의 연인'으로 오래도록 살아있을 것만 같다.

손곡의 「제총요祭塚謠」

　손곡蓀谷 이달(李達, 1539? ~ 1612?)은 조선조 중기의 빼어난 시인인데 생몰 연대가 분명치 않다. 부정副正 이수함李秀咸의 아들로, 홍주 관기官妓의 몸에서 태어난 까닭에 뛰어난 문재를 지녔음에도 벼슬길에 오르지 못하고 평생 불우하게 지냈다. 서얼의 신분이었지만 허봉許篈, 양사언楊士彦, 정철鄭澈, 이이李珥 등 당대의 유수한 사대부들과 교류가 잦았다.

　조선조의 시풍은 주자학적 문학관이 바탕을 이루고 있었기 때문에 논리적이고 주지적인 송시풍宋詩風이 주류였다. 그리하여 손곡도 처음엔 소동파蘇東坡에 심취해 있었다. 그런데 사암思菴 박순(朴淳, 1523 ~ 1589)의 영양을 받아 낭만과 서정성이 짙은 당시唐詩에 눈을 돌리게 된다. 그 시대는 사화와 당쟁 그리고 임진왜란 등으로 세상이 매우 어지러웠던 때다. 그리하여 현실에 대한 불만이 실사구시의 학풍을 싹트게도 했지만 한편으론 복고적인 온건성에 대한 향수를 일으키게도 했던 것 같다. 그래서 시에서는 인간 감정의 자연스런 발로를 중요시했던 당시에 관심이 쏠리게도 된다. 고죽孤竹 최경창(崔慶昌, 1539~1583), 옥봉玉峯 백광훈(白光勳, 1537~1582) 등이 그런 경향을 지닌 대표적인 분들이라 할 수 있다. 손곡은 이들과 가까이 지내며 서로 영향을 주는데, 세상은 유사한 시풍을 지닌 이들을 함께 일러 '삼당三唐 시인'이라 불렀던 것이다.

허봉은 손곡의 시재를 높이 평가해 그를 동생인 허균과 허난설헌의 시의 스승으로 삼았다. 그런 인연으로 손곡의 사후 허균은 스승의 문집인 『손곡집』을 간행하게 된다. 360여 수 손곡의 시가 현전하게 된 것은 허균이 있었기 때문에 가능했던 일이다. 허균은 그를 추모하는 「손곡산인전」에서 다음과 같이 적고 있다.

> …달의 얼굴이 단아하지 못한데다가 성격이 또한 호탕하여 절제하지 않았고, 게다가 세속의 예법을 익히지 않았으므로 당시 사람들에게 미움을 입었다. 그는 고금의 모든 일과 자연의 아름다운 경치를 이야기하기 즐겼으며, 술을 사랑하였다. 글씨는 진체晉體에 능하였다. 그의 마음은 가운데가 텅 비어서 아무런 한계가 없었으며, 살림살이를 돌보지 않았다. 어떤 사람들은 이러한 성품 때문에 그를 사랑하기도 하였다. 그는 평생토록 몸 붙일 곳도 없이 떠돌아다니며 사방에 비렁뱅이 노릇을 했으므로 많은 사람들이 그를 천하게 여겼다. 그리하여 가난과 곤액 속에서 늙었으니, 이는 참으로 그 시 때문인 것 같다. 그러나 그의 몸은 곤궁했지만 그의 시는 썩지 않을 것이다. 어찌 한때의 부귀로써 그 이름을 바꿀 수 있으리오.
> ― 허경진 역, 『손곡 이달의 시선』(평민사, 2001) p.122

용모는 보잘 것 없었지만 성품은 호탕했던 것 같다. 세속의 관습에 얽매이지 않고 자유분방하여 한 곳에 정착해 있지를 못하고 유랑하면서 시와 술을 즐겼던 모양이다. 그는 벼슬살이하던 지인들의 부임지를 떠돌며 비렁뱅이로 살았다. 그러나 부귀영화를 누리던 당대의 왕후장상들은 오늘날 다 잊히었지만 그는 몇 편의 빛나는 시로 하여 오늘에 이르도록 이름을 잃지 않고 있다.

 손곡은 청아한 시편들을 많이 남겼지만 이 자리에선 그 시대의 아픔을 극적으로 노래한 「제총요祭塚謠」를 들어 감상해 봄으로 그의 뛰어난 시재를 엿보고자 한다.

　　　白犬前行黃犬隨　野田草際塚纍纍
　　　老翁祭罷田間道　日暮醉歸扶小兒　―「祭塚謠」

　　　흰둥이가 앞서고/ 누렁이는 따라가는데
　　　들밭머리 풀섶에는/ 무덤이 늘어서 있네
　　　늙은이가 제사를 끝내고/ 밭 사이 길로 들어서자,
　　　해 저물어 취해 돌아오는 길을/ 어린 아이가 부축하네
　　　　― 제사를 끝내고 (허경진 역)

 한 시골 늙은이가 어린 아이와 더불어 밭머리의 무덤에 가서 제사를 지내고 돌아오는 장면을 그린 작품이다. 노인과 어린 아이가 어떤 사이인지는 명시되어 있지 않지만 아마도 조손간祖孫間으로 짐작된다. 무덤의 주인공은 누구일까? 노인의 아들, 그러니까 아이의 아버지일 것만 같다. 주인공은 젊은 나이에 원통하게 세상을 떠났을 것이다. 무슨 까닭으로 세상을 일찍 떴을까? 어쩌면 전쟁터에 끌려가서 전사한 것은 아닐까? 제2행에서 무덤들이 풀섶에 늘어서 있다는 정황으로 미루어 보아 그런 죽음이 한둘이 아닌 것 같다. 마을의 젊은이들을 한꺼번에 앗아간 전화를 상상하기 어렵지 않다.
 당시 임진왜란으로 말미암아 농촌의 젊은이들은 징집되어 얼마나 많이 목숨을 잃었을 것인가. 그래서 마을엔 노인과 아녀자들뿐 젊은 사람은 없다. 전사한 아들의 기일을 맞아 노인은 어린 손자를 데리고 묘를 찾았으리라. 독한 소주에 부침개라도 몇 조각 가져간 것일까? 음식 냄새를 맡았든지 백구와 황구도 따라 나선다. 무덤 앞에 쪼그려 앉아 어린 손자를 바라다본 노인은 앞이 막막했으리라. 그래서 한 잔 두 잔 기울인 술에 그만 취하고 말았다. 아침나절에 왔었는데 해는 어느 덧 기울어 석양이다. 이제 그만 집에 돌아가자고 아이가 재촉하자 노인이 일어섰으나 몸을 제대로 가누지 못한다. 그러자 어린 손자가 할아버지의 팔을 붙들고 비틀거리면서 밭 사이 길을 들어서는 장면이다. 세상 물정도 모르고 백구 황구 두 마리가 졸랑대면서 이들의 앞에 가고 있다.

  전쟁으로 말미암은 비극성을 고발한 작품인데 전란의 참상에 대한 직접적인 언급은 전혀 없다. 마치 한 폭의 그림을 그리듯 한 장면을 간결하게 묘사하고 있을 뿐이다. 그렇지만 그 행간에는 말로 다 표현할 수 없는 얼마나 많은 의미들을 담고 있는가? 두 마리의 무심한 개를 등장시켜 비극성을 돋보이게 한 것도 기발한 착상이 아닐 수 없다. 가히 명품이라 할 만하다.

  운율에 실어 다음과 같이 의역을 해본다.

> 흰둥이 누렁이 놈, 앞서거니 뒤서거니
> 들밭머리 풀밭엔 무덤들이 즐비한데
> 늙은이 묘제 끝내고 돌아오는 석양 길
> 곤드래 취한 한아빌 어린 손주 부축하네
> ―「묘제를 지내고」

임제의 풍류시들과 「무제」

　조선조의 풍류객 하면 선뜻 떠오른 이가 백호白湖 임제(林悌, 1549～1587)다. 나주羅州 출신으로, 절도사 임진林晉의 맏아들로 태어났는데 성품이 호방하였다. 어려서부터 글공부에는 별로 관심이 없었고 주사酒肆와 창루娼樓를 배회하면서 자유분방하게 자랐다. 그러다가 22세가 넘어서야 스승 성운成運을 만나게 되고, 한편 어머니를 여의게 된 것이 계기가 되어 공부에 전념한다. 그리하여 29세에 벼슬길에 올라, 현감, 병마사 등 여러 관직에 머물기는 했지만 벼슬살이에는 별 흥미를 못 가졌던 것 같다. 아첨과 모략으로 개인의 영달을 도모하고 권모술수로 당쟁을 일삼는 세태에 실망과 혐오를 금치 못했으리라. 그래서 그의 호방한 성품은 칼과 피리를 품고 산수를 자주 찾았으며, 이해타산이 따르지 않는 승려와 기생들을 즐겨 사귀면서 울적한 마음을 달랬던 것 같다.

　서도병마사로 부임하던 중 황진이의 무덤에 들러 술잔을 기울이며 그를 애도한 노래를 불렀다 하여 조정에 물의를 일으켰던 것은 익히 잘 알려진 일화다.

청초 우거진 골에 자는다 누었는다
　　　홍안은 어데 두고 백골만 묻혔는다
　　　잔 들어 권할 이 없을새 그를 설워 하노라

　희대의 풍류남아 백호와 절세의 풍류기녀 황진이가 만약 생전에 만났더라면 얼마나 아름다운 로맨스를 엮어냈겠는가. 그러나 이들은 20여 년을 서로 격한 사이어서 그럴 기회가 없었다. 백호 스스로도 이를 얼마나 애석히 생각했으면 무덤에까지 찾아가 대작하려 했겠는가 짐작이 간다.

　평양의 명기 한우寒雨와 주고받은 능청스런 사랑의 노래는 후세 사람들의 입에 즐겨 회자되기도 한다. 어느 날 비를 맞고 들어온 백호가 한우의 집에 들러 수작을 부린다.

　　　북천이 맑다 커늘 우장 없이 길을 나니
　　　산에는 눈이 오고 들에는 찬비로다
　　　오늘은 찬비 맞았으니 얼어 잘까 하노라

　날씨가 맑다 해서 비옷도 없이 길을 나섰는데, 뜻하지 않게 산에는 눈이 오고 들에는 찬비가 내리는도다. 오늘은 찬비에 젖었으니 얼어서 잘 수밖에 없겠구나 하는 내용의 노래다. 찬비는 곧 한우寒雨이니 비의 의미뿐이 아니라 기생 한우를 또한 이름이다. '얼어 잘까'는 추위로 몸이 얼어서 잔다[凍寢]는 의미와 함께 운우지정雲雨之情 곧 남녀 교합交合의 뜻을 아울러 지닌 표현이다. 임제의 능청스런 이 노래에 다음과 같이 화답한 한우의 솜씨 또한 만만치 않다.

어이 얼어 자리 무슨 일로 얼어 자리
원앙침 비취금을 어디 두고 얼어 자리
오늘은 찬비 맞았으니 녹아 잘까 하노라

원앙금침 두고 얼어 자긴 왜 얼어 잔단 말인가. 오늘은 한우를 만났으니 녹아 자자는 대구다. 부창부수, 그 풍류객에 잘 어울리는 여인이 아닐 수 없다.

또한 평양의 콧대 높은 명기 일지매一枝梅를 꺾기 위해 생선장수로 가장하고 들어가 하룻밤 사이에 피리와 시로 그녀를 사로잡고 말았다는 일화는 그가 얼마나 풍류아였던가를 짐작하게 하고도 남음이 있다.

그는 기개가 넘친 무인이었지만 거문고와 피리 등 음악을 향유할 줄 아는 낭만적인 시인이었다. 말하자면 문무와 예기藝技를 두루 갖춘 호걸이었다고 할 수 있다. 700여 수나 되는 많은 한시가 전해지고 있는데 그 가운데는 여인을 노래한 작품들이 적지 않다. 이 자리에서는「무제 無題」라는 이름의 다음 작품을 감상해 보기로 한다.

酒肆風流跡已虛　雄心寥落寄樵漁
雲宵舊識音書斷　水竹新居契濶踈
蘇小縱輕貧孟浩　文君猶托病相如
名編玉籍團圓少　割盡柔腸一寸餘

술집의 멋스런 풍류 자취도 까마득하고
큰 뜻도 다 가라앉아 시골사람 되었네
출세한 옛 친구들은 소식이 끊기도

물가 대숲 집엔 찾아오는 이도 없구나
소소蘇小는 가난한 맹호연을 소홀히 했다지만
탁문군卓文君은 병든 사마를 돌보지 않았던가
저 세상으로 떠나고 말면 만나볼 수 없거늘
애간장 다 끊여져 한 치나 남았겠나

백호는 39세의 젊은 나이로 폐를 앓다 세상을 일찍 떠났다. 이 작품은 그 쓸쓸한 정조로 보아 그의 만년의 것이 아닌가 생각된다. 작품 속의 화자는 쇠락한 상태에 있는 것으로 짐작된다. 지금은 술집의 풍류도 누릴 수 없고, 웅장한 꿈도 저버린 채 시골에 묻혀 있다. 출세한 친구들로부터 소식도 끊기고 벽촌 누옥에 찾아오는 이도 없다. 여기서 화자는 소소蘇小와 탁문군卓文君의 옛 고사를 떠올린다. 소소는 항주의 명기名妓인데 당唐의 고매한 은거 시인 맹호연孟浩然을 몰라보고 가난타고 냉대했다. 한편 한漢의 탁문군은 부유한 집 딸로서 아버지의 반대에도 불구하고 가난하고 병든 사마상여司馬相如의 아내가 되어 그를 보살폈다. 화자는 지금 소소와 같은 이기적인 여인에게 탁문군과 같은 자애로운 여인이 되라고 간청하는 것 같다. 한번 죽어 이름이 저승의 명부에 오르게 되면 다시 만날 수 없거늘… 하면서 화자는 간장이 다 끊어지는 아픔으로 호소한다.

병고에 시달리면서까지도 여인을 잊지 못해 하는 백호의 연연한 마음이 잘 드러난 작품이다.

그러나 임제는 여색이나 즐기는 무분별한 인물은 아니었다. 그는 자신의 임종을 맞는 자식들에게 곡을 하지 말라고 당부했다. 천자天子를 호칭할 수 없는 약소국에 태어난 것을 한스럽게 생각해서였다. 그는 기개가 넘친 장부였으며「수성지愁城誌」「화사花史」「원생몽유록元生夢遊錄」등의 한문소설을 남긴 문장가이기도 했다.

허난설헌의 「채련곡采蓮曲」

선조 때 허난설헌(許蘭雪軒, 1563~1589)이라는 뛰어난 천품을 갖춘 미모의 여류 시인이 있었다. 본명은 허초희許楚姬, 난설헌은 그의 호다. 강릉 사람으로 경상감사를 지낸 허엽許曄의 딸이며,『홍길동전』의 저자인 허균許筠의 누님이다. 8세에 이미 월궁月宮의 광한전백옥루廣寒殿白玉樓를 상상하여 그 상량문을 지었다고 하니 그녀의 문재를 짐작하고도 남음이 있다.

당대의 호방한 천재 시인이었던 손곡蓀谷 이달李達에게서 동생 허균과 함께 시를 익혔다. 15세에 안동 김씨 성립誠立에게 출가를 하지만 결혼 생활은 원만했던 것 같지 않다. 성품이 예민해서 그랬던 것일까, 부군과 시모의 사랑을 얻기가 쉽지 않았던 것으로 보인다. 남매를 생산했으나 1년 간격으로 횡사하는 아픔을 겪는다. 한편 18세에 친정아버지를 잃고, 21세에는 그의 후원자라고 할 수 있는 오라비 허봉許篈이 율곡을 탄핵하다 갑산으로 유배되는 환란을 맞는다. 26세에는 그 오라비 허봉마저 고질을 이기지 못해 38세로 병사한다. 겹치는 역경의 괴로움을 그는 시로써 이겨내려 했지만 역부족이었던 것 같다. 스물일곱이라는 꽃다운 나이에 이승을 하직하고 만다. 전하는 얘기로는 그녀는 꿈속에서 광

상산廣桑山이라는 황홀한 선계仙界를 구경하고 한 수의 절구를 지었는데, 그 시에

<blockquote>
碧海浸瑤海　靑鸞倚彩鸞　芙蓉三九朶　紅墮月霜寒

푸른 바다는 선계에 이어졌고
빛깔 고운 난새들 서로 기댔는데
부용꽃 삼구화 스물일곱 송이
찬 서리 달 아래 붉게 떨어지네
</blockquote>

라고 노래했다. 그런데 '부용꽃 스물일곱 송이가 찬 서리 달 아래 붉게 떨어진다'라는 구절이 바로 스물일곱에 자신이 요절할 걸 예감한 참시讖詩라고 말하기도 한다.

　난설헌이 지은 시는 수천 수에 달한다고 하지만 그의 유언에 따라 불에 태워져 거의 소실되고 현재 전하는 것은 200여 수에 불과하다. 사후에 그의 동생 허균이 남은 자료와 그의 기억을 더듬어 『난설헌집』을 묶어냈다. 허균은 이 문집을 중국에 가지고 가서 자랑하며 중국 문사들의 서문을 받아왔다. 이로써 난설헌은 한시의 본향인 중국에까지도 알려져 국제적으로 시의 이름을 얻게 되기에 이른다. 난설헌의 이름으로 전해오는 작품 가운데는 표절의 시비가 있는 작품들도 없지 않은데, 이는 허균이 수집하는 과정에서 난설헌이 적어 놓은 고시古詩가 잘못 끼어든 것으로 짐작된다.
　아름다운 시들이 적지 않지만 이 자리에서는 「채련곡(연밥 따는 노래)」 한 수를 감상해 보려고 한다.

秋淨長湖碧玉流　荷花深處係蘭舟
逢郎隔水投蓮子　遙被人知半日羞

가을 긴 호수에 옥 같은 물 흐르는데
연꽃 깊은 곳에 목란배 매어두고,
님을 만나 물 건너로 연밥을 던지다가
남의 눈에 띄었을까 반나절 무안했네
(정민 역)

앞의 번역문을 좇아 이 시를 좀 부연해서 감상하면 다음과 같다.
 맑은 가을날이다. 길게 펼쳐진 호수의 물결이 벽옥처럼 푸르다. 그 호수 위에 수천 평의 무성한 연밭이 어우러져 있다. 한 낭자가 연밥을 따기 위해 난주蘭舟를 타고 연밭으로 들어간다. 난주란 목련나무로 지은 배인가? 굳이 그렇지 않다 하더라도 여인이 타고 있는 배이니 고운 치장을 한 작은 배라고 생각해도 무방하리라. 그 배가 연밭 깊숙한 곳에 이르러 정박한다. 그런데 연밭 너머 저 물 건너에 님이 있는 것이 아닌가. 아마도 그 님은 낚싯대라도 드리우고 있을 것만 같다. 여기서 님을 보게 될 줄이야. 어쩌면 주인공은 연밥을 따기 위해 온 것이 아니라 님이 있을 것을 미리 짐작하고 그 님을 보기 위해 왔을지도 모른다. 그래서 드러나지 않은 곳에 배를 세우고 숨어서 님의 동정을 살핀다. 그런데 님은 드리우고 있는 낚싯줄에만 마음을 두고 있을 뿐 주위의 정황에는 관심이 없다. 그래서 낭자는 연밥을 따서 가만히 님이 있는 곳으로 던진다. 연밥은 님이 있는 곳까지 미치지 못하고 그만 물에 떨어지고 만다. 그렇게 연이어 던져보지만 야속하게도 님은 눈치채지 못한다. 멀리서라도 누가 보면 어떻게 하지? 낭자는 두근거리는 가슴을 안고 반나절을 그렇게 보낸다.

위에 번역한 시의 내용은 대강 이렇다. 두 청춘 남녀가 뒤에 어떻게 되었는지에 대해서는 구체적으로 언급하고 있지 않다. 그러나 '반일수半日羞'의 내용을 어떻게 해석하느냐에 따라서는 의미가 전혀 달라질 수 있다. 즉 반나절 동안 화자를 부끄럽게 만든 요인을 무엇으로 볼 것인가? 다음의 세 가지를 상정해 볼 수 있을 것 같다.

　1) 반나절 동안 계속 님이 있는 곳에 연밥을 던지며 부끄러워함.
　2) 몇 번 던지고는 그것을 누가 보았을까 봐 반나절 동안 내내 부끄러워함.
　3) 두 사람이 만나 반나절 동안 사랑을 속삭이며 남의 눈에 띌까봐 부끄러워함.

　반나절 동안 계속 연밥을 던졌다는 1)의 경우는 자연스럽지 못하다. 그처럼 감각이 무딘 님은 있을 것 같지 않기 때문이다. 2)는 앞의 번역과 같이 일반적으로 생각할 수 있는 정황이다. 그렇지만 부끄러워하는 시간이 너무 길다는 느낌이 없지 않다. 따라서 3)의 경우도 배제할 수는 없다. 연밥을 던지자 님이 알아차려 두 사람은 연밭의 난주 속에 숨어서 반나절 동안 사랑을 나누며 가슴을 조일 수도 있지 않겠는가. 그렇다면 다음과 같이 옮겨보면 어떨까?

　　　　맑은 가을 긴 호수 물결은 푸른데
　　　　연꽃 우거진 속에 고운 배 감춰놓고
　　　　물 건너 님에게 연밥을 던지고선
　　　　남의 눈에 띌까 봐 반나절 낯붉혔네

　이렇게 옮겨 놓으면 제4행(결구)은 2)와 3)의 의미를 아우르는 은근한 맛을 지니게 된다. 이것이 바로 한시가 지닌 모호성(ambiguity)의 묘미라고 할 수 있다.

난설헌은 마치 천상의 선녀가 잠시 지상에 내려왔다가 서둘러 돌아간 시선詩仙인 것만 같다.

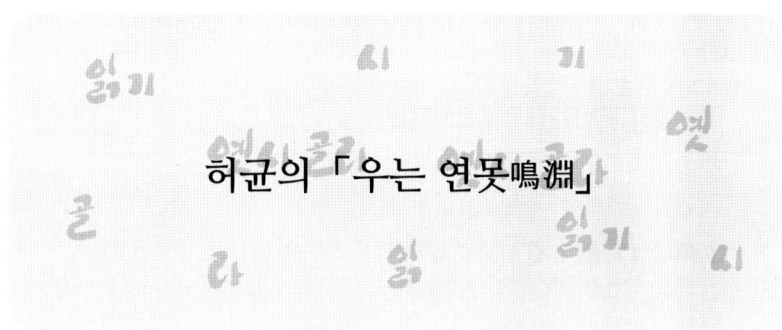

허균의 「우는 연못鳴淵」

교산蛟山 허균(許筠, 1569~1618)은 진보적인 인물이었다. 기존의 관습과 제도 그리고 모순에 찬 현실을 못마땅하게 여겨 이를 개혁코자 하는 꿈을 안고 있었다. 그러나 그의 꿈은 안타깝게 역사 속에 묻히고 말았지만 그에 대한 평가는 오늘에 이르러 새롭게 조명되고 있다.

허균은 경상감사 허엽許曄의 삼남삼녀 가운데 막내로 태어났다. 천재적인 여류 시인 난설헌蘭雪軒의 동생이며, 최초의 국문소설인 『홍길동전』의 저자로 문학사에서는 익히 알려진 인물이다. 어린 나이에 부친을 여의고 중형 허봉許篈의 보살핌을 받고 자랐다. 영특하여 『논어』와 『통감』을 읽은 지 1년이 채 못 된 12세에 이미 문리를 터득했다고 전한다. 중형의 친구인 이달李達에게 당시唐詩를 배우고 중형으로부터는 송시宋詩를 익혔다.

1592년 봄 임진왜란이 발발했을 때, 24세의 허균은 편모와 만삭의 아내를 이끌고 피난길에 오른다. 함경도 곡구, 단천에 이르러 첫 아들을 얻었지만 산고로 아내와 자식을 함께 잃는 아픔을 겪는다. 그는 전쟁이

휩쓸고 간 황폐한 민가의 참상을 다음과 같이 읊고 있다.

   老妻殘日哭荒村 蓬鬢如霜兩眼昏
   未欠債錢囚北戶 子從都尉向西原
   家經兵火燒機軸 身竄山林失布褌
   産業肅然生意絶 官差何事又呼門 —「記見·1」

  해 지는 석양 황폐한 마을에서 늙은 아낙 통곡하네
  서리 같은 쑥대머리에 두 눈빛조차 흐릿해라
  아비는 빚 갚을 돈 없어 차가운 감옥에 갇혀 있고
  아들놈은 군관에게 끌려 청주 쪽으로 떠났어라
  집안은 난리 통에 기둥 서까래마저 다 불타버리고
  숲속에 한 몸 숨기다가 베잠방이까지 잃었다네
  살아갈 길 막막하여 살고 싶은 마음도 끊어졌는데
  관가의 아전은 또 무슨 일로 문 앞에 와 부르는가?
    —「본 대로·1」

'기견記見'이란 제목의 이 시는 눈에 보이는 대로 기록한 글이라는 뜻이다. 해질 녘 화자가 어느 한산한 마을에 이르렀는데 늙은 아낙이 통곡을 하고 있다. 흰 머리가 쑥대처럼 엉클어져 있고 생기를 잃은 눈빛이 저녁 하늘처럼 어둡다. 다음은 노파가 울면서 늘어놓는 넋두리의 내용이다. 바깥주인은 빚 갚을 돈이 없어 감옥에 갇힌 신세요. 아들놈은 징집되어 군관에게 끌려갔다고 한다. 전화戰禍로 집은 불타버리고 산속에 숨어 지내다 옷가지도 다 잃어버린 형편, 앞길이 막막하여 살아갈 의욕조차 없는데 관원은 문밖에 와서 사람을 부르고 있다. 군량미를 징수하러 온 것인지, 아니면 부역賦役의 일손을 독촉하러 온 것인지 모를 일이다.

허균이 젊은 시절 남긴 작품들 가운데는 이런 유의 현실 고발적인 시들이 적지 않다. 전란과 관아의 횡포로 말미암아 역경에 처한 백성들의 참담한 실상을 리얼하게 그려내고 있다.

 그는 26세에 문과에 급제함으로 벼슬길에 오른다. 그러나 여러 차례의 파직과 복직을 되풀이하면서 평탄치 못한 환로의 길을 걸었다. 기생을 너무 많이 거느리고 다닌다고, 혹은 부처를 섬긴다는 이유로, 못된 토호를 과도하게 다루었다고 해서, 전시殿試에서 인척을 급제시켰다는 혐의 등으로 수많은 파직과 구금 혹은 귀양살이를 했다. 어떤 때는 임명된 지 채 며칠이 되지도 않아 파직의 수모를 겪기도 했다. 당파 싸움의 소용돌이 속에서 몸을 도사릴 줄 몰랐던 그가 위험인물로 여겨져 질시의 대상이 되었던 것으로 보인다. 그러나 그는 실력을 갖추고 있었으므로 오뚜기처럼 다시 일어서곤 했다. 지방의 행정관보다는 주로 중국을 드나드는 외교관으로서의 능력을 발휘했던 것으로 보인다.

 그는 성리학보다는 불교와 도교에 더 관심을 두었던 것 같다. 그래서 집권 세력이었던 유학자들보다는 방외인方外人들과 즐겨 사귀었다. 제도적인 제약으로 벼슬길에 오를 수 없었던 재능 있는 서얼庶孼들과 어울려 그들의 울분에 공감하기도 했다. 『홍길동전』은 이러한 사회적 불평등에 대한 저항 정신을 배경으로 빚어진 작품이다.
 그의 나이 48세에 형조판서에 이르렀다 이내 파직되고, 이듬해인 1617년에 다시 좌참찬에 오른다. 그러나 기준격奇俊格이라는 제자가 자신의 아버지를 구하기 위해 스승인 허균의 혁명계획을 고발하는 비밀 상소를 올린다. 그리하여 1918년 50의 나이로 허균은 그의 심복들과 함께 형장의 이슬로 사라지고 만다. 광해군 10년에 있었던 일이다.
 허균이 그러한 수난을 겪지 않았더라면 혁명이 가능했을까? 만일 그의 혁명이 성공했더라면 이 땅에서의 인권과 평등의 실현이 수 세기 앞당겨졌을 지도 모른다. 시「鳴淵(명연)」은 이러한 그의 웅지를 엿보게 하는 작품이다.

    陰竇窺舀篠 幽幽黝環灣
    下有千歲蛇 佶栗深處蟠
    有時吐白氣 霏作烟漫漫
    何時變雷雨 飛上瑤臺端 —「鳴淵」

   음침한 웅덩이 참 깊고 아득도 해라
   그윽이 검은 기운 물굽이를 감도네
   물밑엔 천년 묵은 이무기 한 마리
   꿈틀대며 깊은 곳에 도사리고 있어라
   때때로 하얀 기운 밖으로 뿜어내면
   흩어져 연기처럼 아득히 번지누나
   언젠가 때가 오면 천둥 비 일으키며
   날아서 하늘 위로 높이 오를 터인데
      —「우는 연못」

 물안개가 자욱이 감도는 음침한 깊은 소沼에 천년 묵은 이무기가 한 마리 살고 있다. 그 깊은 못에 도사리고 있는 이무기가 때때로 포효를 하면 연기 같은 흰 기운이 멀리 서린다. 언젠가 때가 되면 천둥 번개 일으키며 용이 되어 하늘에 오를 것이다. 그러나 지금은 물속에 잠겨 청운의 뜻을 품고 안타깝게 때를 기다릴 뿐이다.
 혁명을 꿈꾸는 자신의 모습을 아직 용이 되지 못한 이무기에 비유했으리라. 시의 제목을「鳴淵」(우는 연못)이라 한 것도 의미심장하다. 차마

'우는 이무기鳴蛇'라고 직접적으로 쓸 수 없어서 그렇게 했으리라. 세상에 대한 울분과 천하를 제압하고자 하는 패기가 엿보이는 시다. 허균의 나이 서른다섯 살 때의 작품이다. 그의 뜻을 펼칠 수 없었던 것이 참 안타깝기만 하다.

연암의 「도중사청道中乍晴」

『열하일기』의 저자 연암 박지원(朴趾源. 1737~1805)은 경세학, 천문학, 병학, 농학 등 다방면에 걸쳐 조예가 깊었던 실학자였다. 특히 「광문자전」「호질」「양반전」 등 십여 편의 한문 단편소설을 쓴 문장의 대가로 잘 알려져 있다. 그런데 연암의 시 작품들은 그의 화려한 산문에 눌려 제대로 평가받지 못하고 있는 것 같다. 그는 산문 못지않게 시에 있어서도 뛰어난 재능을 지닌 문사였다. 다음의 작품 하나만 보아도 그의 시재가 얼마나 대단했던가를 짐작하기 어렵지 않다.

「도중사청道中乍晴」은 5언시와 7언시의 두 양식을 혼용함으로 시 형식에서부터 자유분방함을 느끼게 하는 문제작이라 할 만하다. 시적 화자는 길을 가는 행인으로 설정되어 있다. 비가 온 뒤였던가 하늘은 우중충하게 검은 구름으로 덮여 있다. 시의 내용은 그 나그네가 한 시냇가에 이르면서부터 펼쳐진다.

　　一鷺踏柳根　一鷺立水中
　　山腹深靑天黑色　無數白鷺飛翻空

頑童騎牛亂溪水　隔溪飛上美人虹 —「道中乍晴」

　　백로 한 마리 버들 뿌리 밟고 서 있고
　　백로 한 마리 물속에 그냥 서 있네
　　짙푸른 산허리 캄캄한 하늘
　　무수한 백구가 솟구쳐 난다
　　아이가 소를 타고 시내를 첨벙대자
　　시내 저편 무지개는 날아오르고
　　　　—「길 가다 문득 갬」(정민 역)

　시냇가에 이르자 길손의 눈에 두 마리의 백로가 들어온다. 한 놈은 버드나무 뿌리 언저리에서 어정거리고 있고, 또 한 놈은 물속에 발을 담근 채 한가로이 서 있다. 계절은 한여름, 산허리가 온통 무성한 수목들로 푸른빛이 짙다. 한바탕 소나기라고 휩쓸고 지나간 뒤였던가. 하늘은 검은 구름으로 덮여 있다. 화자인 길손만 천천히 걷고 있을 뿐 천지가 온통 조용하다. 그런데 바로 그때 예상치 못한 놀라운 정황이 벌어진다. 언덕 너머로부터 요란하게 깃 치는 소리와 함께 수백 마리의 백로 떼가 갑자기 하늘로 솟구쳐 오르는 게 아닌가. 푸른 산과 검은 하늘을 배경으로 날아오른 백로 떼들의 눈부신 날개가 환상적으로 아름답다. 저렇게 많은 백로들이 언덕 너머 저쪽 어디에 있었던가 보다. 나그네는 짐짓 놀라며 무슨 까닭으로 백로들이 그렇게 날아오른 것인가 궁금해 하며 언덕길을 넘어선다. 그러자 소를 탄 한 아이가 눈에 잡힌다. 장난꾸러기한 소년이 소를 타고 물에 들어가 첨벙대고 있다. 소 탄 아이가 물에 들어서자 백로들이 놀라 일시에 자리를 떴던 모양이다. 때마침 먹구름 사이로 햇살이 쏟아져 내리더니 푸른 산을 배경으로 영롱한 무지개가 솟아오른다.

이 시의 내용은 대강 이렇다. 제목 「道中乍晴(도중사청)」은 '길을 가던 중 날씨가 문득 개었다'는 뜻인데, 이는 화자의 마음이 또한 문득 환하게 트였음을 암시하기도 한다. 말하자면 개인 날씨보다도 예기치 않은 정황(날아오른 수백 마리의 백로와 소를 탄 소년)에 길손의 우울했던 기분이 일시에 쇄락해졌음을 드러내고자 한 것이리라.

이 시는 길을 가는 화자의 시선을 좇아 시야에 들어오는 몇 개의 풍경을 포착하여 마치 그림을 보이듯 제시하고 있다. 시간적인 경과에 따라 약간의 공간적인 이동을 하며 전개된다.

제1,2행(버드나무 밑과 시냇물속의 두 마리 백로)-------지상
제3,4행(산과 하늘을 배경으로 비상하는 수많은 백로)----공중
제5행(시냇물을 첨벙대며 소를 타고 있는 소년) --------지상
제6행(시내 저편에 솟아오르는 아름다운 무지개) -------공중

화자의 시선은 지상에서 공중으로의 이동을 두 번 반복하고 있다. 시냇물과 하늘을 배경으로 하여 백로와 소년이 펼치는 단순한 상황을 제시한다. 화자의 감정을 직접 드러내지 않고 냉정히 감추어 표현하는 것이 놀랍다. 시의 끝에 이르러 화자의 감정은 무지개라는 대상에 의탁되어 간접적으로 드러난다. 감추면서 드러내는 시의 은근한 기법을 놀랍게 구사하고 있는 작품이다.

흔히 시의 유형을 세 가지로 나누어 설명하기도 한다. 의미의 시, 가락의 시, 그리고 그림의 시다. 의미의 시는 화자의 생각과 감정이 직설적으로 담겨 있는 관념 위주의 작품이다. 그런데 가락의 시는 내용보다는 운율 곧 청각적인 감흥을 중요시한다. 이에 반해서 그림의 시란 시각적

인 이미지를 두드러지게 드러내는 특성을 지닌다. 마치 한 폭의 그림을 대하는 것 같은 영상을 떠올리게 한다. 연암의 「도중사청」은 대표적인 그림의 시라고 할만하다. 그림의 시가 여운을 지니려면 바로 이 작품에서처럼 화자의 생각과 감정이 대상 속에 숨어 있어야 한다. 이것이 시의 운치며 향기며 멋이다.

약간의 의역을 곁들여 이 시를 다음과 같이 옮겨 본다.

> 버드나무 밑에 백로 한 마리
> 시냇물 가운데 또 한 마리
> 산은 짙푸른데 하늘엔 먹구름
> 문득 한 떼의 백로 날아오른다
> 소탄 아이가 시냇물에 첨벙첨벙!
> 저 너머엔 고운 무지개 솟아오르고
> ―「길 가던 중 문득 갬」

다산의 「애절양哀絕陽」

　실학의 거두 다산茶山 정약용(丁若鏞, 1762~1836)은 소위 '일표이서-表二書'라고 일컫는 『경세유표經世遺表』 『흠흠신서欽欽新書』 『목민심서牧民心書』 등 많은 명저를 남긴 학자다. 한편 그의 문집인 『여유당전서與猶堂全書』에는 2,500여 수의 시가 실려 있는데, 이는 다산이 또한 대단한 시인이기도 했다는 사실을 확인하게 한다.
　다산의 시세계 역시 그의 경세제민經世濟民의 사상에 바탕을 두고 있다. 서민들의 곤궁한 삶과 부조리한 현실을 적나라하게 고발하는 사실적인 작품이 많다. 여기에 소개하는 「애절양」은 다산이 강진에 귀양가 있던 시절에 지은 것으로 다음과 같은 주註가 달려 있다.

　　이 시는 가경嘉慶 계해년(1803년) 가을, 내가 강진에 있을 때 지었다. 갈밭에 사는 한 백성이 아이를 낳은 지 사흘 만에 군적에 등록되고, 이정이 소를 빼앗아 갔다. 그 백성이 칼을 뽑아 자기의 생식기를 스스로 베면서, "내가 이것 때문에 곤액을 당했다"고 말했다. 그 아내가 생식기를 가지고 관가에 가니, 그때까지 피가 뚝뚝 떨어졌다. 아내가 울며 호소했지만 문지기가 막아버렸다. 내가 듣고서 이 시를 지었다.

―『목민심서』권8「첨정」

蘆田少婦哭聲長 哭向縣門號穹蒼
夫征不復尙可有 自古未聞男絶陽
舅喪已縞兒未燥 三代名簽在軍保
薄言往愬虎守閽 里正咆哮牛去皁
磨刀入房血滿席 自恨生兒遭窘厄
蠶室淫刑豈有辜 閩囝去勢良亦慽
生生之理天所予 乾道成男坤道女
騸馬豶豕猶云悲 況乃生民思繼序
豪家終歲奏管絃 粒米寸帛無所捐
均吾赤子何厚薄 客窓重誦鳲鳩篇

노전 마을 젊은 아낙 울음소리 그치지 않네
관아 향해 울다가 하늘 보고 울부짖누나
남정네 전장에 나가 못 오는 일 있다지만
남자 성기 잘랐단 말 자고로 못 들었네
시아비 상喪 벗고 태어난 아인 엊그젠데
삼대의 이름이 군보軍保에 올라 있다네
달려가 호소해도 범 같은 문지기 가로막고
이정은 호통 치며 외양간 소까지 몰아가네
아이 낳은 죄라고 남편이 한탄하며
칼 갈아 방에 들더니 선혈이 낭자해라
잠실의 궁형도 지나친 형벌이요
민閩 땅의 자식 거세함도 애절한 일 아니던가
자식 낳고 사는 건 하늘이 주신 이치여서
하늘 닮은 아들 나고 땅 닮은 딸 나거든

말 돼지 거세하는 것도 가엾다 이르는데
하물며 뒤를 이을 사람에 있어서야…
귀족들은 한평생 풍악이나 즐기면서
쌀 한 톨 베 한 치 바치는 일 없거늘
다 같은 백성인데 왜 이리 차별일까
객창에서 거듭 거듭 '시구편'을 읊조리네

당시의 군정軍政이 얼마나 문란했던가 이 시를 보면 짐작이 간다. 규정된 병역은 양민 남자 16세로부터 60세까지인데, 정군正軍이 아닌 자는 군보軍保라 하여 세금을 내도록 했다. 세금으로 베 곧 군포軍布를 징수했는데 문란한 군정軍政과 과중한 과세로 백성들의 원성이 자자했다. 죽은 사람 몫까지 세금을 거둬들이는 '백골징포白骨徵布'니, 갓난아이까지 병적에 올려 세금을 징수하는 '황구첨정黃口簽丁'이니 하는 말들이 떠돌았다. 시「애절양」은 바로 이러한 가렴주구苛斂誅求를 고발한 작품이라고 할 수 있다.

노전 마을의 젊은 아낙네가 관청에 달려가서 울부짖는다. "남자가 전쟁터에 나가 못 돌아온 일은 있다 해도 스스로 자신의 성기를 잘랐다는 말은 못 들었네. 시아비는 죽어서 이미 상을 벗었고, 아이는 갓 태어나 아직 탯물도 마르기 전인데, 삼대를 군보에 올려 세금을 내라니 어이된 일이란 말인가? 관아에 달려가 호소하려 해도 범 같은 문지기가 가로막아 들어갈 수 없고, 세리는 오히려 호통 치며 밀린 세금 대신 외양간의 소까지 몰아갔네. 그러자 아이 낳은 죄라고 한탄하며 남편은 칼을 갈아 방에 들어가더니 자신의 생식기를 자르고 말았다네."라고 통곡을 한다. 옛날에 남자의 생식기를 자르는 궁형이 잠실에서 행해지는 일이 있었고, 또한 고대 중국 민閩이란 고장에서는 종으로 삼기 위해 자식을 거세하는 일이 있었다지만 이 얼마나 애절한 일이던가. 자식 나아 기르는 것은 하늘이 주신 이치여서 천지를 닮은 아들과 딸 생겨나지 않던가? 말돼지 거세하는 것도 가엾다 하거늘 하물며 세대를 이을 사람에 있어서야 더 말해 무얼 하겠는가. 양반들은 한평생 풍악이나 즐기면서 제대로 세금 한 푼 내지 않고도 잘 사는데 다 같은 백성으로 이 얼마나 불공평한 일이란 말인가? 시인은 객창에서 시경의 '시구편'(왕이 백성을 고루 사랑해야 한다는 뜻을 뻐꾸기에 비유해서 노래한 시)을 거듭 읊조리기만 한다.

당시의 세태는 이어지는 당쟁과 세도정치로 국가의 통치력이 약화되면서 삼정三政(田政,軍政,還穀)의 문란으로 백성들이 도탄에 빠져 있었다. 양반과 관리들의 횡포로 만신창이가 된 서민들은 그 고통을 참지 못하고 장차 민란으로 폭발하게 된다.

다산의 실학사상은 이러한 시대적 갈등과 모순을 해결하고자 했던 현실적인 학문이다. 그의 시 또한 그의 이러한 사상에서 빚어진 것이므로 비참한 현실을 사실적으로 고발했던 것이리라.

오늘날에도 억울함을 세상에 호소하기 위해 자신의 몸을 불태우는 사람들도 적지 않으니 세상의 불공평함은 예나 이제나 크게 다르지 않아 보인다. 아니, '애절양'을 넘어 '소신燒身'에 이르고 있으니 현실이 더욱 참담해진 것인지, 저항이 더욱 격렬해진 것인지 모를 일이다.

만해卍海의 「사향고思鄕苦」와 「오도송悟道頌」

『한용운시전집』(문학사상, 1989)에 수록된 만해의 한시는 총 139편이다. 그러나 여기 저기 아직 산재해 있는 한시들을 모으면 166수쯤 된다고 주장하는 이도 있다. 만해의 한시는 그가 남긴 현대시(위의 전집에 수록된 현대시는 총132편)의 분량을 넘어선다. 질에 있어서도 결코 『님의 침묵』에 뒤지지 않을 것으로 보인다. 그런데도 아직 만해 한시에 관한 연구가 활성화되지 못한 것이 아쉽다. 만해 한시에 대한 본격적인 연구는 문학뿐만 아니라 나아가서 철학·종교·역사관 등 그의 심오한 사상을 발굴해 내는 뜻 깊은 작업이 될 것이다.

이 글에서는 「사향고思鄕苦」와 「오도송悟道頌」을 들어 '고향'의 의미가 무엇인가를 살펴보면서 이들 한시가 지닌 시상의 깊이를 엿보고자 한다.

　　　　寒燈未剔紅連結/ 百髓低低未見魂
　　　　梅花入夢化新鶴/ 引把衣裳說故園.　—「思鄕苦」

'사향고思鄕苦'는 고향을 그리워하며 겪는 괴로움이다. 그런데 그 '고향鄉'은 화자가 태어난 육신의 고향을 의미하는 것 같지는 않다. 그렇다면 무엇을 상징하는 것인가. 잃어버린 조국인가. 아니면 도달하고자 하는 이상향인가. 전개되는 내용으로 보아 민족의식을 고취하는 애국적인 작품이라기보다는 수도자의 고뇌가 서린 종교적인 작품으로 보인다. 깨달음의 경지에 이르기 위해 정진하는 한 수도자의 고행의 모습을 떠올릴 수 있다. 수도자가 이르고자 하는 이상향은 깨달음 곧 득도의 경지이리라. 우선 작품의 내용을 살펴보도록 하자.

'한등寒燈'은 차가운 등불인데, 이 시어에서 우리는 '겨울'과 '밤'이라는 시간적 배경을 읽을 수 있다. 왜 하필이면 겨울밤인가. 겨울은 사계 가운데서도 가장 혹독한 계절이요, 밤은 하루 가운데서도 가장 암담한 시간이다. 그러니 겨울밤은 고해인 사바세계를 상징한 것이리라. 어둠에 싸인 망망한 세상을 한 개의 등불이 밝히고 있다.

'척剔'은 자르거나 벤다는 의미인데 여기서는 등불의 심지를 따준다는 뜻이다. 등불이 오래 타면 심지의 불똥이 검게 맺히게 되는데 이를 제거해서 불을 밝게 하는 행위다. 그런데 '미척'이니 심지를 돌볼 겨를이 없는 상태다. 그런데도 붉은 불꽃[紅]은 밤이 깊도록 계속해서 불타고 있다.

'홍紅'은 불꽃이면서 한편으로는 화자(수도자)를 상징한다. 광막한 어둠을 향해 불타는 미미한 불꽃은 혹독한 사바세계를 배경으로 외로이 정진하는 화자의 실존을 표상한다. 그러니까 제1행[起]은 겉으로는 겨울밤 외로이 불타는 촛불의 모습을 그리면서 속으로는 용맹정진하는 수도자의 모습을 드러내고 있다.

'수(髓)'는 골수 곧 뼈다. '백수百髓'는 온몸의 뼈이니 육신이라고 생각해도 무방하다. '저低'는 밑으로 가라앉는 모양이니 '저저低低'는 육신이 극도로 지쳐 축 늘어져 있는 상태다. 수도에 너무 정진한 나머지 육체가

지칠 대로 지쳐 그 육신 속에 서려 있는 혼마저도 볼 수 없다[未見魂]. 마치 넋마저 나간 것 같다. 제2행[承]은 극도의 정진으로 육신이 탈진한 상태에 이르는 정황이다.

제3행[轉]은 비몽사몽간에 겪은 환상적인 체험 내용을 피력하고 있다. 매화가 학으로 화하는 기상천외의 변화가 제시된다. 도대체 이 무슨 영뚱한 진술이란 말인가. 그러나 이 작품의 핵심은 바로 여기에 있다. 여기서는 천지개벽의 대 전환이 일어나고 있다. 식물(매화)이 동물(학)로 바뀌었으니 그렇지 않은가. 이 세상의 생명체 가운데서도 가장 부자유스러운 것이 식물이다. 평생을 태어난 한 장소에 붙박여 살아야만 한다. 그런 식물에 비해 동물은 자기 의사에 좇아 몸을 움직일 수 있으니 자유로운 존재다. 동물 가운데서도 지상을 기는 길짐승보다는 공중을 나는 날짐승이 더 자유스럽다. 날짐승 가운데서도 창공을 유유자적 날아다니는 학이야말로 가장 자유로운 생명체라고 할 수 있다. 매화가 학으로 화한 것은 지상의 속박으로부터 벗어나 자유의 몸이 된 것을 암시한다. 그야말로 해탈解脫이다. 해탈이란 무엇인가. 속박으로부터, 번뇌로부터 벗어남이 아닌가. 모든 번뇌는 욕망으로 말미암아 빚어진다. 그 욕망이 또한 우리를 구속한다.

보통의 세속적인 인간들은 많은 욕망 속에서 살아간다. 물욕物慾·색욕色慾·명예욕·권욕 등 실로 이루 다 헤아릴 수 없는 많은 욕망들에 사로잡혀 마음의 영일이 없다. 보라, 한 푼의 돈을 벌기 위해서 우리는 얼마나 많은 시간을 바치며, 한 사람의 아름다운 이성을 얻기 위해 얼마나 많은 정열을 쏟는가. 한 표를 얻기 위해서 국회의원 입후보자들은 얼마나 비굴하게 굴며, 권력의 맛을 본 자들은 그 자리를 지키기 위해 얼마나 권모술수를 부리며 안간힘을 쓰는가. 그들은 다 욕망의 노예들이다. 욕망들의 사슬에 얽혀 한 걸음도 자유롭게 살아가지 못하는 결박자들이다.

해탈은 바로 그 욕망의 사슬로부터 벗어남이다. 우리가 세속적인 욕망 속에 사로잡혀 살아갈 때는 세상은 쟁탈의 장소 곧 아비규환의 지옥이다. 그러나 세속적인 욕망을 벗어나면 세상은 우리를 자유롭게 한다. 우리는 지상의 어떠한 것에도 구애받지 않는 자유인이 된다. 물질에 대한 욕심이 없을 때 우리는 가난을 즐겁게 누릴 수 있고, 이성에 대한 욕심을 버릴 때 우리는 모든 이성을 한결같이 평화롭게 대할 수 있다. 권력에 연연해하지 않을 때 우리는 권력이 빚은 모든 번뇌로부터 자유로울 수 있지 않겠는가.

달리 말하면 해탈 곧 깨달음의 상태는 가치관의 변화를 체득한 경지라고 할 수 있다. 일상인은 세속적 가치관을 가지고 살아간다. 그러나 그것이 번뇌의 요인임을 깨닫는 이는 세속적 가치관을 버리고 절대적 가치관을 취하게 된다. 전자는 사물들에게 차별적 가치를 부여하여 분별하려는 입장인데 반하여, 후자는 모든 사물들의 본질적(절대적) 가치를 인정하여 평등하게 수용하는 입장이다. 절대적 가치관에서는 '잎'과 '꽃', '돌'과 '황금', '농부'와 '장관' 사이에 아무런 우열이 없다.

가치관의 변화 곧 해탈의 통쾌함을 매화(식물)가 학(날짐승)으로 변하는 기상천외의 사건을 끌어다 암시하고 있다. 제4행[結]은 신학(해탈자의 상징)이 바로 그 고향 동산(해탈의 경지, 자유로운 이상향) 얘기를 하면서 그 이상향에 가자고 화자의 옷깃을 붙잡아 끄는 장면이다. 약간의 의역을 곁들여 오늘의 말로 옮겨 본다.

> 한겨울 밤새워 촛불은 타는데
> 육신은 늘어져 넋마저 나간 듯
> 꿈에 든 매화가 학으로 변터니
> 옷자락 끌면서 고향 동산 가자네.

이어서 다음의 작품을 읽어보도록 하자.

男兒到處是故鄕　幾人長在客愁中
一聲喝破三千界　雪裡桃花片片紅

이 작품은 다음과 같은 긴 시제詩題를 달고 있다.

丁巳十二月三日 夜十時頃坐禪中 忽聞風打墜物聲 疑情頓釋仍得一詩
(정사년 12월 3일 밤10시경 좌선중에 갑자기 바람이 불어 무슨 물건인가를 떨구는 소리를 듣고, 의심하는 마음이 씻은 듯 풀리었다. 이에 시 한 수를 지음)

정사년이면 1917년, 만해의 나이 38세 되던 때의 작품이다. 문득 깨달고 그 장쾌함을 시로 읊은 「오도송悟道頌」이다.
'남아男兒'는 화자를 가리키는 말이고 화자는 지금 깨달은 상태이니 '남아'를 '깨달은 자'라고 해석해도 무방하리라. 깨달은 자에게 있어서는 고향(이상향·낙원)이 어디 따로 있는 것이 아니라 그가 이르는 곳마다[到處] 고향 곧 낙원[故鄕] 아닌 곳이 없다. 깨달음 즉 해탈은 모든 세속적 욕망을 벗어버리게 됨이라고 하지 않았던가. 그는 지금 어떠한 대상에도 얽매이지 않는 자유인이 되었다. 세속적 욕망에 사로잡혀 있었던 때는 온 세상이 나를 구속하는 지옥이었는데 이제 절대적 가치관을 가지고 대하는 세상은 180도로 전환된, 나를 자유롭게 하는 환희의 세상으로 새롭게 다가온다.
고향은 어느 먼 외부에 존재하는 객관적인 세계가 아니라 우리의 내면에서 빚어진 주관적인 세계다. 그런데 그것도 모르고 많은 사람들[幾人]이 아직도 고향 찾아 헤매는 괴로움[客愁] 속에 오래 머물러[長在] 있는 것이 참 안타깝기도 하다. 제2행은 아직도 깨치지 못한 수도자들을 한탄하는 장면이다.
제3행에서 화자는 오도의 기쁨을 억제하지 못하고 소리를 한번 버럭 지른다. 그러자 온 천지가 내 목소리에 흔들흔들 울리는 것만 같다. 화자는 지금 마치 높은 산의 정상 위에 올라앉아 온 세상을 굽어볼 때의 호연지기에 젖어 있다.

바야흐로 화자의 눈앞에 전개되는 세상은 얼마나 황홀한가. 눈 속에 복숭아꽃 붉게 흩날리는 것 같은 경이로운 세상이 펼쳐지는구나. 이것이 제4행의 내용이다. 봄에 피는 복숭아꽃을 겨울 눈 속에서 어떻게 볼 수 있단 말인가? 그것은 기상천외의 경이가 아닐 수 없다. 깨달은 자의 눈앞에 전개되는 놀라운 세상을 그는 이렇게 극적으로 표현하고 있다.

> 깨치고 봤더니 이르는 곳이 다 고향이거늘
> 수많은 사람들 고향 찾아 헤매네
> 한 고함 버럭 지르니 온 세상이 흔들흔들
> 눈 속에 복사꽃 보듯 이 세상 참 곱기도 하네

임 보(林 步)

본명 : 강홍기(姜洪基)
1962년 서울대학교 국문과 졸업. 1962년《현대문학》지를 통해 시단에 등단함.
1988년 성균관대학교 대학원에서 문학 박사 학위 취득함.
충북대 국문학과 교수를 역임함.
논문으로는 「한국 현대시 운율 연구」「한국 현대산문시 운율 연구」「시인의 세 시각」「한국 현대시 압운 가능성에 관한 연구」「단형시고短形詩考」「정지용 산문시 연구」「서정주 시의 율격적 특성」「〈접동새〉考」「육당의〈太白山賦〉와〈太白山의 四時〉」「〈님의 침묵〉의 님의 한 양상에 대하여」「정호승(鄭昊昇) 시문학 연구」「박목월 초기시의 선적(仙的) 요소」 등 다수,
시집으로는 『林步의 詩들 59-74』『山房動動』『木馬日記』『은수달 사냥』『황소의 뿔』『날아가는 은빛 연못』『겨울, 하늘소의 춤』『구름 위의 다락마을』『운주천불』『사슴의 머리에 뿔은 왜 달았는가』『자연학교』『장닭설법』『가시연꽃』『눈부신 귀향』『아내의 전성시대』『자운영꽃밭』『검은등뻐꾸기의 울음』 등이 있고,
저서로는 『현대시 운율구조론』『엄살의 시학』『미지의 한 젊은 시인에게』『시와 시인을 위하여』 등이 있음.
e-mail : rimpoet@hanmail.net

우리詩 산문선❷
좋은 시 깊이 읽기
ⓒ임 보, 2013, Printed in Seoul, Korea

초판 1쇄 인쇄 | 2014년 07월 25일
초판 1쇄 발행 | 2014년 07월 30일

지은이 | 임 보
펴낸이 | 홍해리
펴낸곳 | (사)우리詩진흥회 • 도서출판 「움」

등록번호 | 제2013-000006호(2008년 5월 2일)
142-892 서울시 강북구 삼양로 159길 64-9
전화 | 02) 997-4293
전자우편 | urisi4u@hanmail.net

ISBN : 978-89-94645-18-6
       978-89-94645-01-8(세트)

* 잘못된 책은 바꾸어 드립니다.
* 지은이와 협의하여 인지를 생략합니다.
* 이 책의 판권은 지은이와 도서출판 「움」에 있습니다.